M&A支援業務による 会計事務所の成長戦略

改訂版

Growth Strategies of Accounting Firms through M&A Support Services

上夷聡史 KAMIEBISU SATOSHI

幻冬舎 MC

改訂版

M&A支援業務による

会計事務所の成長戦略

はじめに

今、会計事務所の経営は熾烈《しれつ》な競争の時代に突入しています。

その主な原因は、中小企業の廃業による顧問先の減少です。中小企業庁の「中小企業・小規模事業者におけるM&Aの現状と課題」によると、今年2025年には、70歳（平均引退年齢）を超える中小企業・小規模事業者の経営者は約245万人に達し、うち約半数の127万人（日本企業全体の1／3）が後継者未定とされています。つまりこのデータは、会計事務所にとっての顧問先が今後減っていくことを示しているのです。

さらに税理士業務の一部は、将来的にAIなどに取って代わられる可能性があり、従来の記帳代行型の業務などは、今後ニーズが減ることが予想されます。これらの事情を鑑みたうえで今後会計事務所が生き残っていくためには、高付加価値で独自性のある業務で新たな収益の柱を立て顧客を開拓していかなければなりません。

私は大学卒業後に法律事務所に勤務し、中小企業経営者を法務面からサポートしてきました。その後現職に就いてからは会計事務所を専門に、数百の事務所の成長を支援しながら、M&A業務に携わっています。

会計事務所が今後とるべき成長戦略として私が断言できることは、M&A支援業務が有効であるということです。前述したとおり、そう遠くないうちに中小企業の多くが後継者不足による消滅の危機に立たされます。第三者承継のニーズは今後いっそう増えていくことが明らかであり、その際、M&Aは有効な手段となり得ます。

また、M&A支援業務は経営者が抱える悩みや経営への深い理解と共感が欠かせないことから、単なる記帳代行型の業務とは一線を画すものです。このような付加価値の高い業務を遂行することは、職員たちのスキルアップをもたらすなど会計事務所の成長にも直結します。実際に私自身も、長い歴史がありながら顧問先の減少に苦しんでいた会計事務所が、M&A支援業務に取り組んだことで大きく成長を遂げたというケースを数多く見てきました。

本書では、会計事務所がこれから描くべき成長戦略を示し、そのなかでM&A支援業務の有効性や取り組み方について事例を交えながら解説します。悩める会計事務所にとって、この一冊が成長戦略を描くための羅針盤となれば、著者としてこれ以上の幸せはありません。

目次

第2章 業務の付加価値を高め差別化を図る―― 会計事務所がとるべき成長戦略

第3章 事業承継の問題に悩む中小企業をサポートし会計事務所も成長できる「M&A支援業務」

第4章 大切なのは「準備」「実行」「アフターフォロー」 知っておくべきM&A支援業務のステップ

第5章 後継者不在、資金難、事業拡大……
M&A支援業務4つの成功事例

第1章

消えていく顧問先、上がらない報酬、深刻な人材不足……

激しい競争の時代に突入した会計事務所

長期的な中小企業の減少傾向により、関与先も減少

会計事務所の税理士・公認会計士は多くの中小企業経営者にとって最も身近な専門家であり、中小企業の経営を支えるパートナーです。しかし近年、我が国の経済社会環境、ひいては中小企業を取り巻く環境は大きく変化しています。そのことは、中小企業のパートナーである会計事務所の経営にもマイナスの影響を与えており、それは今後ますます拡大していく可能性が高いです。

会計事務所の経営者は、昨今の会計事務所経営を巡る外部環境や内部環境の変化を確認し、事務所経営に生じている問題や、差し迫っている課題について把握しなければなりません。そして、これまでと同じような経営意識や経営体制のままでは、今後会計事務所の舵《かじ》取りが難しくなっていくことを認識すべきです。

会計事務所が税務顧問契約を結ぶ関与先は、個人事業主を含めた中小企業です。その中小企業の減少が続いています。中小企業の減少は、長期的な推移と足元の急減の2面からとらえる必要があります。

まず、会計事務所を取り巻く外部環境として最も着目すべき変化は中小企業数の長期的

企業数の推移（1999-2016年）

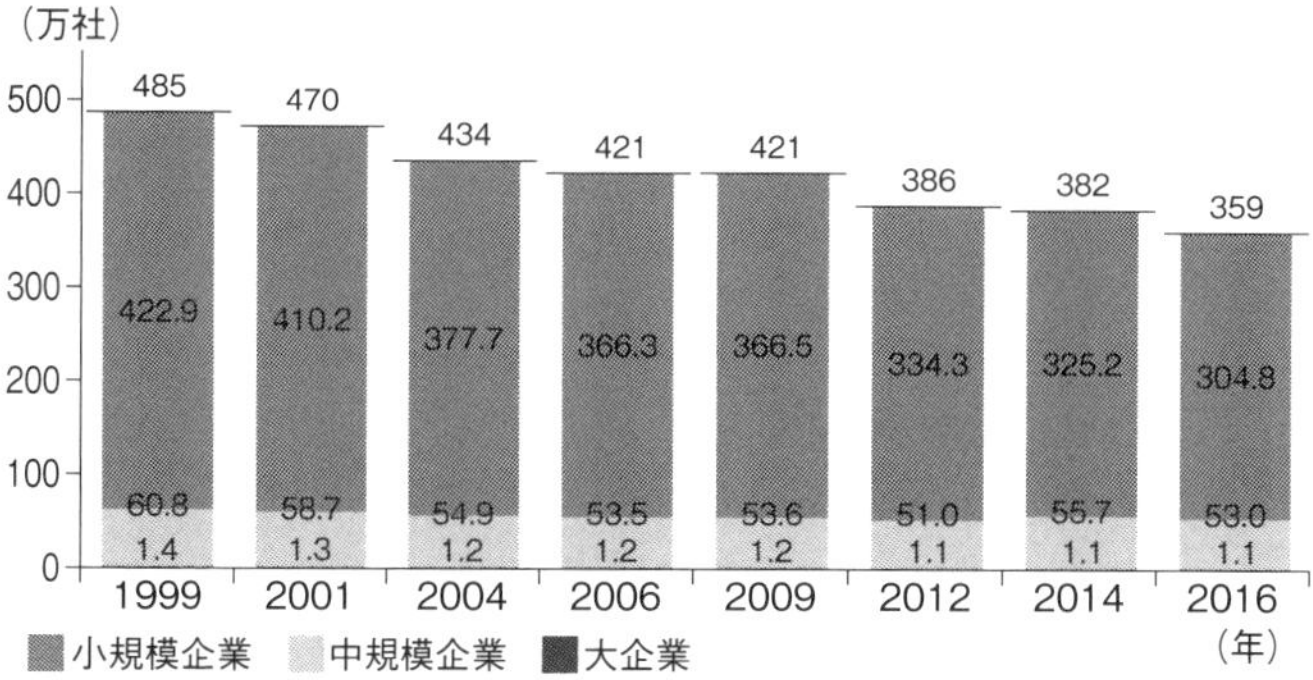

出典：中小企業庁「2020年版 中小企業白書」
資料：総務省『平成11年、13年、16年、18年事務所・企業統計調査』、『平成21年、26年経済センサス・基礎調査』、総務省・経済産業省『平成24年、28年経済センサス・活動調査』再編加工
（注）1. 企業数＝会社数＋個人事業者数とする。
2.「経済センサス」では、商業・法人登記等の行政記録を活用して、事務所・企業の補足範囲を拡大しており、『事務所・企業統計調査』による結果と単純に比較することは適切ではない。
3. グラフの上部の数値は、企業数の合計を示している。

な減少傾向です。上部に掲載の図は、「2020年版　中小企業白書」より引用しているもので、1999年から2016年までの企業規模別の企業数の推移を示しています。

1999年を基準とした推移を見ると、いずれの規模においても企業数は減少傾向にあり、特に小規模企業の減少率が最も高くなっています。中小企業のなかでも、税理士の主要な関与先となる比較的規模が小さめの事業者が特に減少しているのです。

図のデータは総務省・経済産業省「平成24年、28年経済センサス・活動調査」

などに基づいており古いものですが、Ｗｅｂサイトに公開されている令和３（２０２１）年調査結果の速報集計データを見ると令和３年の企業数は約３３９万社（※）でした。前回平成28（２０１６）年調査よりもさらに下回っており、企業数の減少傾向はさらに進んでいることが分かります。

（※「令和３年経済センサス・活動調査 速報集計　結果の概要」における「会社企業」と「個人経営」の企業数合計）

統計データの集計方法に変更があったり速報値ベースであったりするため単純比較はできず、あくまで目安程度ではありますが、１９９９年の４８５万社が２０２１年には３３９万社になったということは、約20年間で７割程度まで企業数が減少したということです。

もちろん、中小企業の全体的な減少がそのまま会計事務所の関与先の減少につながるわけではありません。しかし、この減少傾向の継続は中長期的な目で見れば、関与先の減少、競争の激化に結びつく要因となっていることも間違いないのです。

2025年問題の衝撃

長期的な企業数の減少に加えて、大きなインパクトを与えるのが、中小企業経営者の高齢化と後継者不足を背景とした「2025年問題」です。

待ったなしの2025年問題―中小企業の大量廃業時代到来

2025年は、いわゆる団塊の世代（第二次大戦後のベビーブーム《1947～1949年》において誕生した世代）が全員、後期高齢者（75歳以上）となる年です。現在の日本は超高齢社会とされ、さまざまな問題が取りざたされていますが、それがいよいよ深刻な段階に突入するのです。2025年には75歳以上の後期高齢者は2180万人になると予想されています。また65歳以上の高齢者は3600万人となり、日本の人口全体の約30%を占めるようになります。その後は、人口減少と高齢化が同時に進むことから高齢化率（総人口に占める65歳以上の割合）は上昇を続け、2065年には38・4%に達すると推計されています。

その一方で、現役世代（15～65歳）は減少を続けるため、より少ない現役世代でより多

社長の平均年齢（1990-2023年）

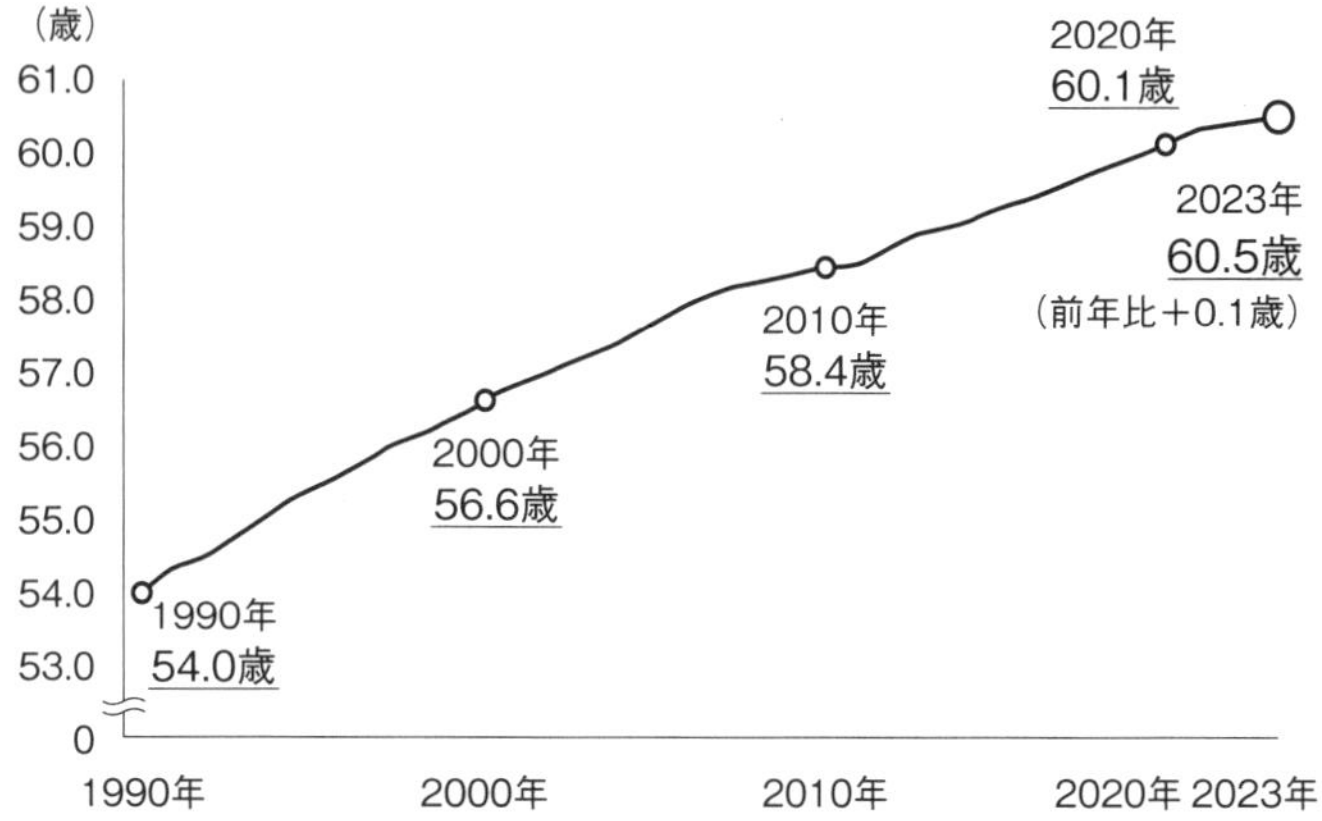

出典：帝国データバンク「全国『社長年齢』分析調査（2023 年）」を基に作成

くの高齢者を支えなければなりません。その大きな人口構造変化がスタートするのが、２０２５年であり、それ以降、日本社会で生じると予想されるさまざまな問題を総称して「２０２５年問題」と呼ばれています。

高齢化する日本の経営者

日本社会全体の高齢化と軌を一にして、企業経営者の高齢化も進展しています。帝国データバンクの「全国『社長年齢』分析調査（２０２３年）」によると、１９９０年以降、経営者の平均年齢は一貫して上昇を続けており、１９９０年には54・０歳だったのが、２０２３年は60・５歳で33年連続の上昇となり、過去最高を更新しています。

また、70代の経営者が約20％、80代の経営者も5％近くおり、70歳以上の経営者が全体の4分の1を占めています。

一方、別の調査になりますが「2024年版　中小企業白書」によると、2000年には50代であった経営者の年代別分布のピークは年々高くなり、2015年には65～69歳となっていることが分かります。2023年には経営者年齢が70歳以上である企業の割合は2000年以降最高となっています。

中小企業経営者の平均的な引退年齢は約70歳

現役の経営者の年齢のほかに、事業承継による社長交代、あるいは休廃業により、経営者を引退する人の引退年齢についてのデータもあります。

まず、事業承継（社長交代）の場合ですが、「全国『社長年齢』分析調査（2023年）」によると、社長交代した企業の、交代前の社長の平均年齢は68・7歳でした。

一方、休廃業した経営者の年齢については、「全国企業『休廃業・解散』動向調査（2024年）」（帝国データバンク）で把握できます。

2024年に休廃業した企業の経営者の平均年齢は71・3歳、ピーク年齢は75歳でした。前年からは0・4歳上昇し、4年連続で70歳代となったほか、調査開始以降で最高齢を更新していることから、顕著に高齢化が進んでいることが分かります。

事業承継と休廃業をまとめると、おおむね70歳が経営者の平均的な引退年齢であることが分かります。現役経営者のうち4分の1が70歳以上であるという現状は、多くの経営者が引退することを予見させます。それが「中小企業の2025年問題」です。

中小企業の経営において2025年問題は深刻な影響をもたらします。経済産業省・中小企業庁が2017年に行った試算によると、2025年には約245万社の経営者が70歳以上になり、そのうち約半数の127万社が後継者の不在により廃業の危機に瀕《ひん》している とされています。長期的に減少してきた中小企業が短期間に大量に消滅する「大廃業時

中小企業・小規模事業者の経営者の2025年における年齢

2025年までに約60万社が黒字廃業の可能性

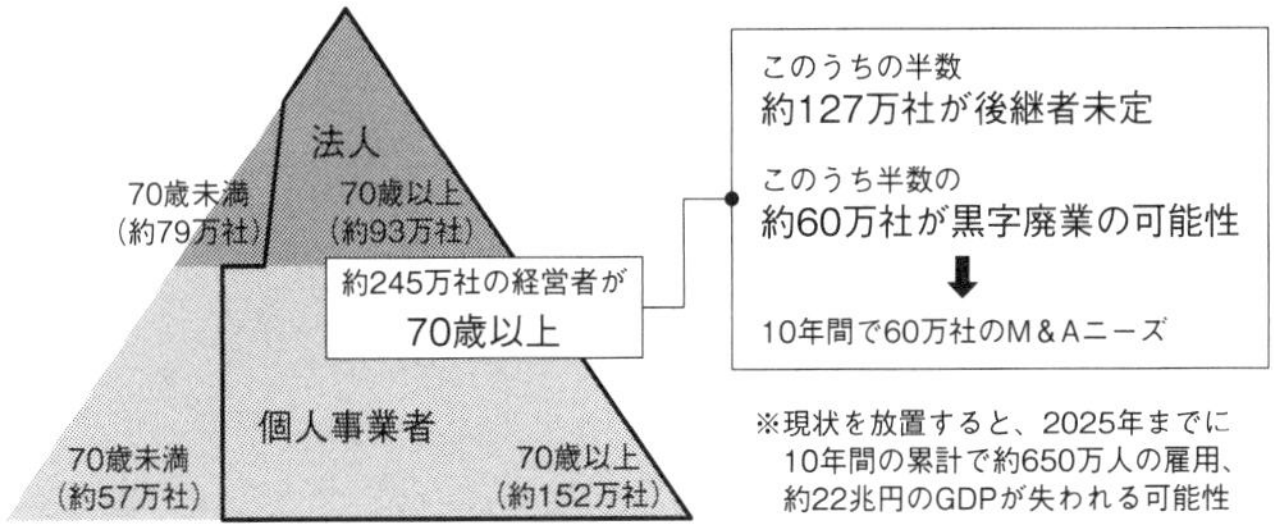

※現状を放置すると、2025年までに
10年間の累計で約650万人の雇用、
約22兆円のGDPが失われる可能性

出典：平成28年度総務省「個人企業経済調査」、平成28年度帝国データバンクの企業概要ファイルから中小企業庁推計

代」となるのです。

しかも127万社のうち約60万社は業績が黒字であるにもかかわらず、後継者不在により廃業となる可能性があります。その結果、累計で約650万人の雇用の場と22兆円のGDPが失われるという試算となっています。

日本経済の土台を支えてきた中小企業の多くが消滅することで、国内の経済社会に広範な悪影響を与えると予測されているのです。国としてもそれを食い止めるため、税制上の整備やM&Aの推進など、さまざまな施策を講じています。

後継者不在率推移（全国・全業種）

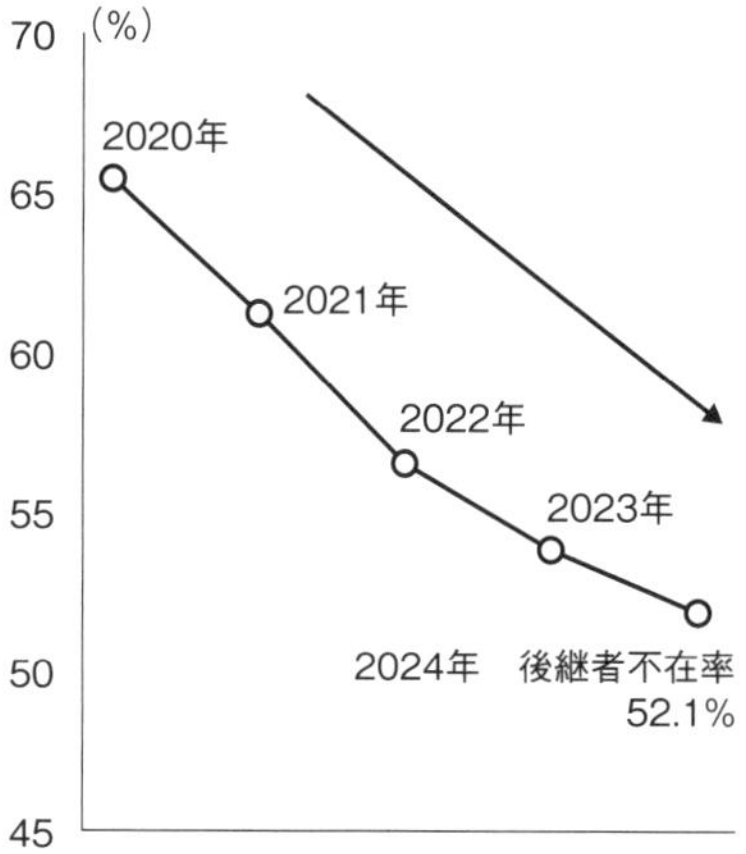

出典：帝国データバンク「全国『後継者不在率』動向調査（2024年）」を基に作成

コロナ禍以降、進んだ事業承継準備

直近ではこれらの施策が、ある程度奏功している兆しが見られます。

「全国『後継者不在率』動向調査（2024年）」（帝国データバンク）によると、中小企業の後継者不在率（※）は、2020年までの10年間は65％前後で推移してきました。しかし、2024年には52・1％と大きく減少し、過去11年間で最低となっています。

（※同調査における後継者不在とは、後継者が「いない」または「未定」の両方を含む）

2021年以降、後継者不在率が改善されたことには、コロナ禍の影響もありました。コロナ禍における事業環境の急変を受けて、これまで先延ばしにしてきた経営者を中心に後継者選びの重要性が認識され、その動きが強まったのです。

それらは企業内において自然発生的に生じてきた動きだけではなく、行政的な支援をはじめ、ステークホルダーなどの働きかけも大きく影響している場合があります。この点について同調査（２０２１年）では「地域金融機関を中心にプッシュ型のアプローチが徐々に成果を発揮し始めていること、第三者へのＭ＆Ａや事業譲渡、ファンドを経由した経営再建併用の事業承継など支援メニューが全国的に整ったことも、後継者問題解決・改善の前進に大きく寄与した」と分析しています。

地域金融機関においてこのような動きが取られていることは、会計事務所にとっても決して無関係とはいえません。いわば、後継者不在問題を巡る支援競争が激化していることの表れだからです。

中小企業の事業承継というと、一般的にまず親族内承継が思い浮かびます。実際、現在でも承継の種別としては親族内承継がトップを占めていますが、その割合は年々低下しています。

それは2024年の同調査においても示されています。次ページのグラフのとおり、2024年において就任経営者のうち親族内承継（同族承継）で就任した人は32・2％と3分の1程度です。また、社内承継（内部昇格）やM＆Aが増加傾向にあることが分かります。親族内承継においては、現経営者（親）と後継候補（子）の間での意思疎通ができているのであれば、あとはタイミングの問題だけです。その意味で、外部の支援や助言などが与える影響や意義はあまりありません。しかし、社内承継や第三者承継となると、まず具体的な承継方法について社長が知っている必要がありますし、実務的な面での準備や実施についても、社長が自分だけで進めることは困難であり、外部からのアドバイスや支援がなければ進みません。

事業承継が行われたとしても、関与先が消えるリスクがある

以上のような中小企業の趨勢《すうせい》から、会計事務所がなにも対策をしなければ中小企業の事業承継はできずに休廃業となり、関与先が少しずつ自然消滅していくことが予想されます。

では、事業承継が行われた場合はどうなるのかというと、親族内承継・社内承継の場合

就任経緯別　企業の事業承継方法の推移

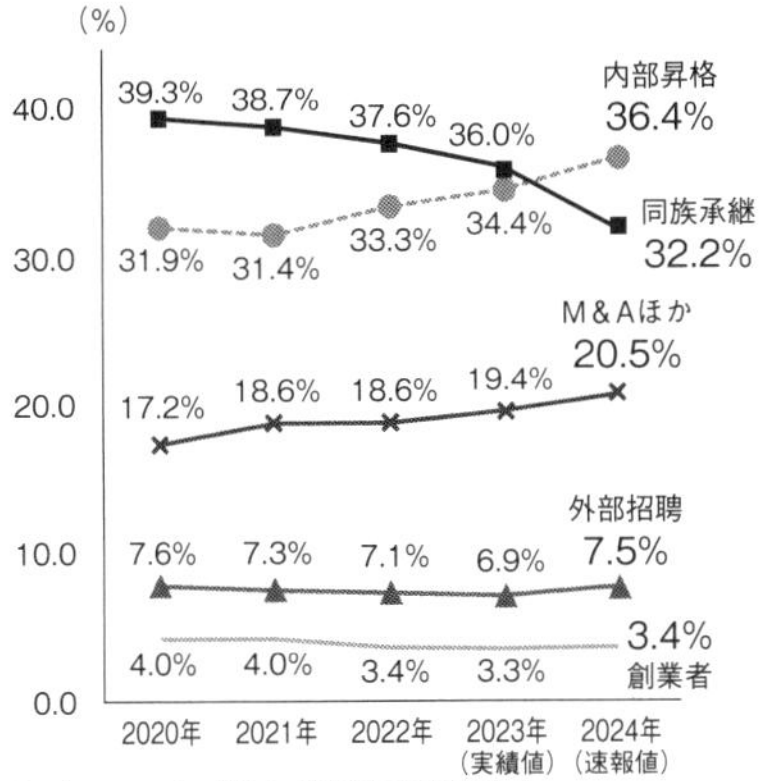

（注1）～2022年の数値は、過去調査時の最新データ
（注2）「M&Aほか」は、買取・出向・分社化の合計値

出典：帝国データバンク「全国『後継者不在率』動向調査（2024年）」

と、第三者承継の場合とに分けて考えられます。小〜中規模の会計事務所では、所長の年齢と関与先企業の社長の年齢がだいたい同じということがよく見られます。これは、所長が事務所を立ち上げるのと同じくらいの時期に起業した社長を関与先にして、それ以来ずっと税務顧問としてお付き合いしているというケースが多いためです。この場合、社長からすると、所長とお互いに若いときからの長い付き合いがあるため、普通は簡単には会計事務所のリプレース（契約解消）はしないものです。

　しかし、代替わりが生じた場合はそうはいきません。例えば30代、40代の若い後継社長が就任したとき、やる気がある社長であればあるほど、さまざまな面で先代のやり方を変えて刷新を図り、自分なりの経営を目指そうとします。税務顧問についても当然その刷新の俎上《そじょう》に載せられることになります。もちろんそのことがすなわちリプレースを意味するわけではありません。しかし、単に長年の付き合いがあるということだけでは、これまでの事務所に引き続き顧問を依頼する理由にはならないということです。感情的なつながりがほとんどなくなった状態では、より付加価値の高いサービスを提供してくれる会計事務所や、後継社長ならではの経営刷新をサポートしてくれる会計事務所がほかにあれば、躊躇《ちゅうちょ》なく置き換えられることになります。

この事情は社内承継の場合でも同様です。社内から抜擢《ばってき》された新社長が、過去のしがらみにとらわれず効率的経営を目指そうとする場合、バックオフィスのコストは真っ先に見直される部分になります。会計事務所との顧問契約も例外ではありません。

また、第三者承継の場合でＭ＆Ａによりほかの企業に経営統合がされた場合は、合併などの組織統合がなされず法人組織は別個に残るケースであっても、譲受け企業（親会社）の税務顧問が譲渡企業（子会社）の税務も見るようになることがあります。同一グループとして連結決算を組む必要があれば、わざわざ別々の顧問に決算を依頼しているのは不合理だからです。

親族内承継、社内承継、第三者承継のいずれにしても、関与先企業の事業承継は、これまでの関係が見直されるリスクが高まるタイミングでもあるのです。

「中小企業の2025年問題」は、経済社会全体への影響というマクロ面で見れば、親族内承継、社内承継、あるいは第三者承継のいずれかにより後継者が見つかって事業承継が実現すれば、乗り切れる可能性のある問題です。しかし、会計事務所への影響に限ってみれば、企業が廃業した場合はもちろんのこと、たとえ事業承継が行われて企業は残ったとしても代替わりを機に顧問契約が切られるリスクが高まり、関与先消滅につながる懸念が残るものです。だからこそ、この2025年問題にしっかり取り組む必要があるのです。

新規開業する企業を狙うべきか

休廃業などにより中小企業の数が減少しているとはいっても、その一方では、新規開業する企業も毎年たくさんあります。そこで、休廃業や事業承継によって関与先の減少があるとしても、その分を新規開業企業の獲得で補えばいいという考え方も出てきます。その考えが間違っているとはいえませんが、ハードルは高いでしょう。

まず、新規開業企業は一般的に資金的な余裕がないため、バックオフィスのコストはなるべく抑えようとする傾向があります。実際、起業からしばらくの間は売上や費用自体も少なく記帳項目も少ないため、記帳はクラウドの会計ソフトなどを使って社長自らが行い、決算報告書の作成だけを会計事務所に依頼するといったやり方もよく採られます。いずれにしても低コストが重視されるので、会計事務所から見ると付加価値の低い業務になりがちです。

また業種にもよりますが、ＩＴ系やＷｅｂ系などの比較的若い創業者の場合、バックオフィスサポートの外部業者についても同じようにＩＴやＷｅｂに理解のある若い業者を選ぶ傾向があります。もともとそのような分野に強い事務所であればよいのですが、そうでないとなかなか顧問として選ばれない可能性があるのです。

さらに、新規開業企業を主要ターゲットにして、開業時の登記や各種の届出などを含めてまとめて請け負っている特化型の会計事務所もあります。そのような事務所では若いスタッフを採用し、効率的に業務をこなす仕組みを作り上げています。加えて、多大な費用を掛けたマーケティングを駆使して新規開業者に接触しており、案件の獲得力も強力です。

これらの点を考えると、新規開業企業を獲得していくことは競争が厳しいうえに収益性も（少なくとも開業から当面の間は）低く、既存の関与先からの紹介などによる場合を別とすれば、狙って採っていくには厳しいターゲットであるといえるでしょう。

上がらない顧問報酬

会計事務所業界の内部環境に視点を移すと、会計事務所経営の大きな問題として、長期的に見て収益性が上昇していない、もしくは低下していることが挙げられます。会計事務所の収益の大半は顧問報酬が占めていますが、既存の関与先に対して顧問報酬の値上げを要求できている事務所はほとんどないのが現実です。また、新規の関与先に対しても、以前よりも高い報酬を提示して契約できているという例は少ない状況です。

私たちが組織する日本M&A協会に所属する会計事務所の先生たちからは、「30年以上前から業界における月額の顧問報酬は3万円程度で、それほど変化はしていない」と聞きます。近年は物価高やインボイス対応などを理由に値上げを実施した事務所も多くあるものの、平均としては大きく変わっていないのが実情です。

一方、平均月額報酬5万円以上という会計事務所もなかには存在します。しっかり報酬をもらえている事務所とそうではない事務所とに二極化しているのです。

ただし、顧問報酬が全体的に低下傾向となっている理由には、経済全体の趨勢がありま す。日本経済全体で平成の間にデフレが進み、物価や賃金が上昇しない、もしくは下落する時代が長く続いたということです。

しかしそれだけではなく、会計業界固有の理由として、クラウドサービスにより提供されて安価かつ容易に利用できる会計システムが普及し、少なくとも個人事業主の確定申告などにはかなり広まっているという点があります。そういったクラウドサービスとの価格比較をされる点も、顧問報酬の上昇抑制に一役買っているのです。

優秀なスタッフの深刻な人材不足

会計事務所経営を取り巻くもう一つの問題は人材不足です。30ページの図は、平成23（2011）〜令和3（2021）年度税理士試験の受験者数と合格者数の推移をまとめたものです。

まず着目すべきは受験者数が2011年度以降、減少傾向にある点です。コロナ禍以降は受験者数が増加していますが、若年層の受験者数が多い状況を鑑みると、今後少子化が進むにつれて、この増加傾向が続くのかどうかはなんともいえません。なお、公認会計士試験の受験者数も一時期急減していたものの、ここ数年は増加傾向で推移しています。

税理士試験受験者数の減少の理由を示すデータはありませんが、職業的な地位を得るための試験であるという点を考えると、税理士という職業自体の人気が下がっていることが要因だと推測されます。税理士という職業の将来性に疑問符が付けられているのです。

例えばオックスフォード大学マイケル・A・オズボーン教授が2014年に発表した「THE FUTURE OF EMPLOYMENT（雇用の未来）」によると、将来AIに代替される職業では税務申告書代行者や会計処理作業者は上位にランクインしています。またICTの導入が進んでいる北欧のエストニアでは税理士がいなくても自動で申告などができるようになっているという話も聞かれるほどです。

もちろん、実務を実際に担っている税理士からすれば、AIが税理士業務をすべて代替できるといったことが実現するのは無理である、もしくは実現するとしても相当先のことで、10年や20年では難しいのではないかという見方もされます。また、経済規模や税制が

税理士試験受験者数・合格者数の推移

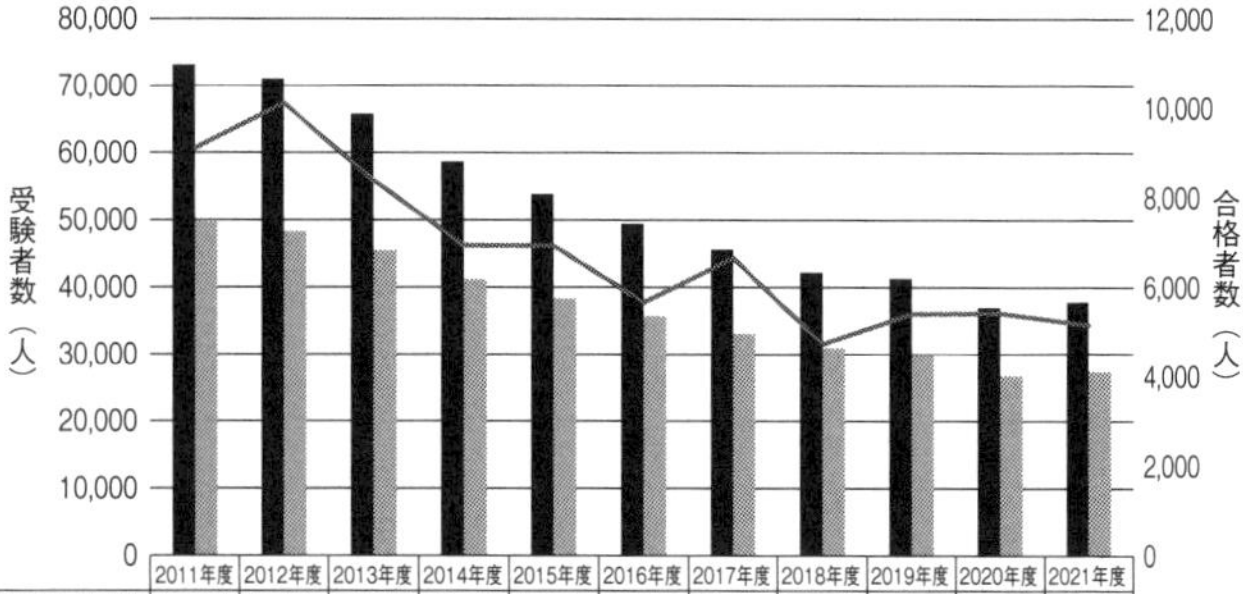

	2011年度	2012年度	2013年度	2014年度	2015年度	2016年度	2017年度	2018年度	2019年度	2020年度	2021年度
受験者数（延人数）	72.901	70,805	65,518	58,465	53,663	49,245	45,462	42,063	41,158	36,845	37,673
受験者数（実人員）	49.510	48,123	45,337	41,031	38,175	35,589	32,974	30,850	29,779	26,673	27,299
合格者数（実人員）	9,067	10,068	8,348	6,909	6,902	5,638	6,634	4,716	5,388	5,402	5,139

受験者数（延人数）　受験者数（実人員）　合格者数（実人員）

国税庁「税理士試験結果表」を基に著者作成

まったく異なるエストニアと日本を直接比較できないことも確かです。

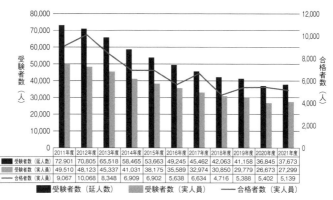

しかし、そういった面での認識のズレも多分に含めつつ、「将来性が乏しい職業」だというイメージが広まっているということは、実際に受験者数が減少推移している事実からみても間違いないところです。そしてその傾向が急に変化することも難しいと考えられるので、現在の税理士不人気は今後も当面続くとみることができます。その結果、会計事務所にとっては人材不足として影響が出てきます。

我が国では特に若年労働力が不足しており、その傾向は今後ますます強まります。これは一般的な事務職員の採用を困難にします。それに加えて、会計事務所特有の現象として、税理士資格受験者の減少により税理士資格をもつ人の採用競争が激化します。所長の右腕となるような、あるいは将来の事務所を託せるような優秀な税理士が少なくなるということです。また、多くの会計事務所では税理士資格取得を目指している無資格者のスタッフを採用しているケースもあり、税理士資格試験を目指す人が減れば、そういう人も減っていくことになり採用難となることが考えられます。

そしてそれは、これから業界に入る人だけの問題ではありません。すでに会計事務所で働いている人にとって、上がらない顧問報酬は日々実感しているところです。外からではなく中から見ている分、よりリアルに会計事務所業界の将来性に対する疑念も生じるはずです。そうなると、優秀な人材であればあるほど、会計業界を離れて別の業界に新天地を求めることになるのです。また、残っている人材は、新しい取り組みに積極的にチャレンジしていこうという志向になりづらく、日々の集計・計算業務や書類作成を間違いなくこなしてきちんと給料がもらえればいいという人ばかりになってしまうのも問題です。

もちろん、間違いのない集計業務や書類作成さえしてもらえば誰でもいいと考えるのであれば採用自体はそれほど難しくないのですが、競争が激化していく会計事務所業界にあって、関与先の社長からの求めに応えて高付加価値の業務をこなせるような優秀な人材がいなければ、事務所の将来は先細りとなるのです。

収益性の高い大型事務所と、低い小規模個人事務所、二極化する会計業界

会計事務所経営を取り巻く状況として無視できないのが規模による格差の拡大です。

現在では100人を超える士業者を抱える大規模会計事務所や、グループ化して経営展開をする会計事務所グループが増加しています。そのような大型事務所、事務所グループは、ブランド力やマーケティング力、収益力など、さまざまな面で規模の優位性を発揮します。減少していく中小企業の税務顧問市場において、大規模事務所のマーケットシェアが高まれば、結果的に中小規模事務所の経営を圧迫することとなります。

次ページの図は、税理士事務所年間売上高の推移です。これを見ると業界全体の売上高は2015年までは右肩上がりで伸びてきたものの、2016年以降は1兆6500億円程度で横ばいになっていることが分かります。

また、税理士事務所の数については、35ページの図が示すとおりになっています。

税理士事務所年間売上高の推移

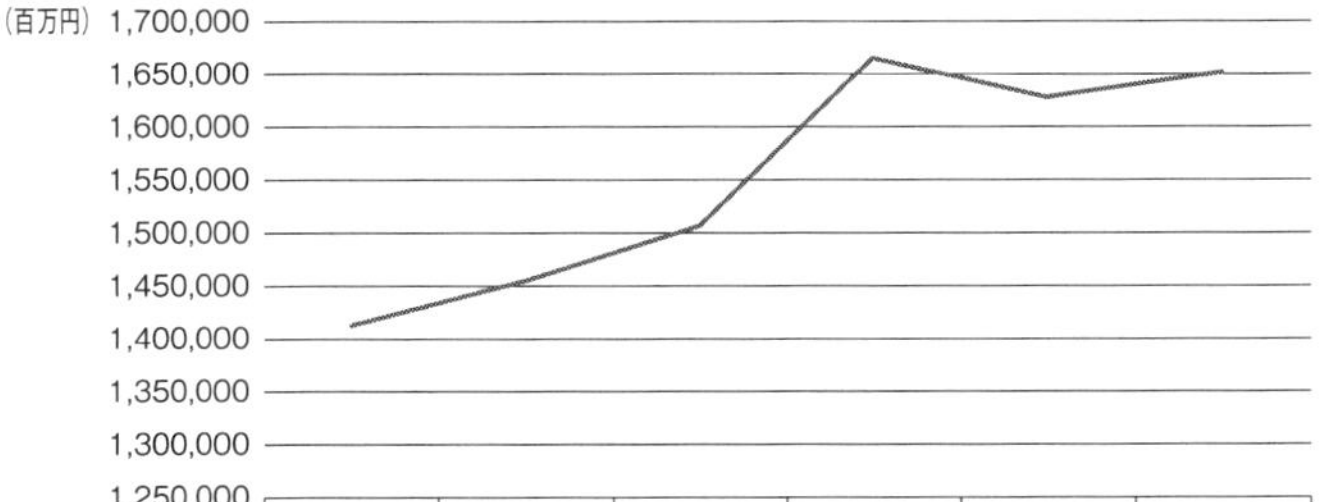

	2012年	2013年	2014年	2015年	2016年	2017年
── 年間売上高	1,412,847	1,454,971	1,506,719	1,665,072	1,627,523	1,651,469

出典：総務省統計局「サービス産業動向調査」

２０１２年には約３万１０００カ所あった税理士事務所が、２０１６年には約２万７０００カ所まで減少していることが分かります。この４年間で約４０００も事務所数が減少しているのです。しかしこの間、全体の売上高は増加しています。そこから、大型化し収益性の高い事務所の増加が、全体の売上を押し上げているのではないかと推測ができます。

これらの参考として、昔は町のあちこちに個人経営の電器店が必ずありました。しかし、現在はほとんどが姿を消しています。テレビなどの家電製品の購入場所は、駅前あるいはロードサイドの大手家電ショップチェーン、さらには大手ＥＣショップに取って代わられたためです。一方、電池や電球などの購入場所は、コンビニエンスストアや１００円ショップに奪われました。

これからますます大規模会計事務所や会計事務所グループが増えていったとき、小規模会計事務所が画一的な経理業務、決算書作成業務しかしていなければ、個人経営の電器店と同じような状況になっていくことは間違いありません。

高付加価値化という難問

会計事務所の収益性の低下に対して目指すべき改革として「高付加価値化」ということが古くからいわれています。高付加価値化自体は、いまや経営に携わる誰もが取り組んでいることではありますが、そのための取り組みで華々しい成果を上げている事務所は多くはありません。会計事務所全般としては顧問報酬が低下しており、むしろ「低付加価値化」が進んでいるといえます。しかし、データにおいても5万円超の高価格帯の顧問報酬にわずかながら増加が見られるように、なかには高付加価値化に成功している事務所もあるのです。

「高付加価値化を目指す」というのは簡単ですが、それを実現することは簡単ではありません。そもそも一時期取り組んでいたものの効果が得られずに諦めてしまったという事務

税理士・公認会計士事務所数

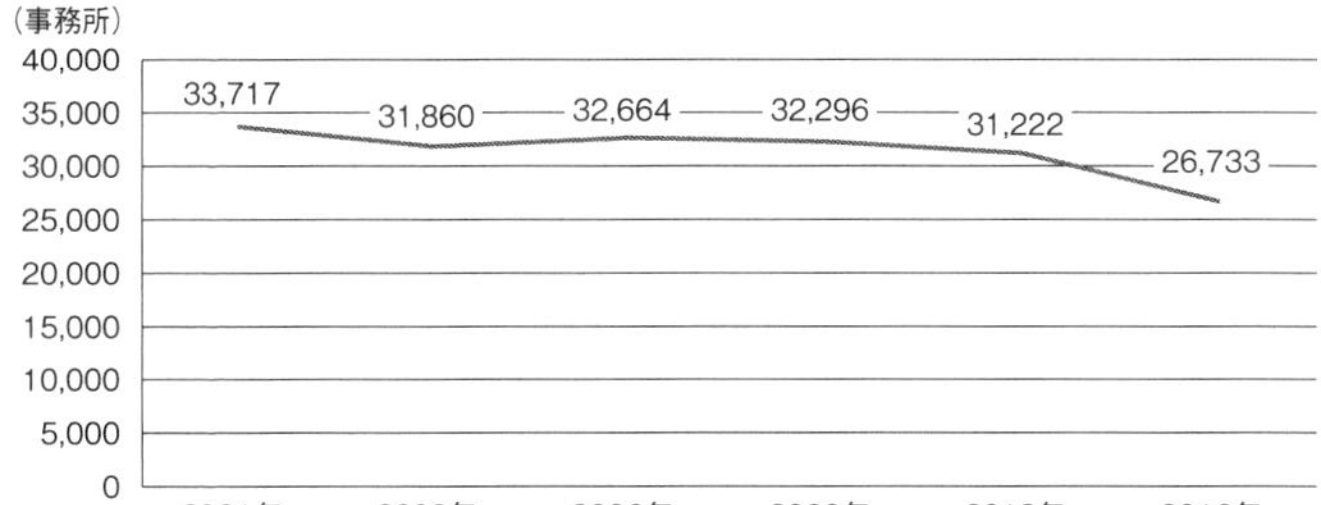

※総務省統計局「経済センサス」「事務所・企業統計調査」を加工して作成

所も少なくないはずです。

その背景として、高付加価値化を成し遂げようとしてもそれを担う人材がいない、所長もどう指示をすればいいのか分からないということがまずあります。人材については、もともと余裕のある体制で回している事務所は少数で、ただでさえぎりぎりの人数で回しているところに、所長からただ高付加価値化に取り組めといわれたところで、職員にそんな余裕があるわけもありません。そのうえ、所長が、なににどう手をつけていいのかを具体的に指示できなければ、絵に描いた餅です。

また、会計事務所において顧問契約は通常、なにか特別なきっかけがなければそのまま維持されていきます。ある程度の関与先をすでに獲得している会計事務所では、業務の刷新をしなくても現状維持、あるいは緩やかな減少程度で存続していくことは十分可能です。今すぐ高付加価値化を成功させなければ事務所がつぶれるとなれば取り組みを急がざるを得ませんが、そうでなければ強いモチベーションがわかなくても無理はありません。

そして、関与先が毎年1社増えて2社なくなる、といった感じで少しずつ減っていき、近い将来のいつかは非常に厳しい状況に陥るかもしれないけれども、今はまだ特別なことはしないということが常態化してしまうのです。

そのような会計事務所はやはりある程度余裕のあるうちに高付加価値化に本気で取り組むべきであり、それが事務所の存続につながります。

会計事務所自体の事業承継準備は喫緊の課題

会計事務所の課題としては事業承継についても無視できません。2025年問題が中小企業の後継者不在による廃業危機に与える影響は今まさに、そのまま会計事務所自身にも当てはまる問題です。むしろ、会計事務所における事業承継は、他業界に比べてさらに喫緊の課題となっているのです。

税理士の年齢構成についてはさまざまなデータが公開されていますが、日本M&A協会所属の会計事務所の年齢構成を見ると、60～70歳、70～80歳の世代の先生たちが多く、続いて50～60歳、35～50歳というように続きます。業界全体を通して見ても、同様の傾向が見られます。

子は資格を取っているか？

税理士法人化をしているか、していないかにかかわらず、会計事務所の所長は有資格者でなければ務まりません。ですから所長の子が税理士試験、あるいは公認会計士試験に合格しているのなら、子に承継させることが一般的な考え方です。しかし、子がなかなか合格できないという話をよく耳にします。また、所長に子がいても、端《はな》から事務所を継ぐ気がなく、会社員になるケースも増えているようです。昔であれば、親が事業を営んでいる場合は家業としてそれを引き継ぐという意識が強かったのですが、昨今では生き方の多様性が重視されることから、親が事業を営んで成功していてもそれとは関係なく、子は子で自分の望む職業を選ぶ傾向が強まっています。

理由はともあれ、親族内に事務所を承継する者がいない場合にどうするのかは、会計事務所経営の大きな課題になります。

事務所内の有資格者に承継させることができるか？

事務所内に有資格者がいる場合でも、事務所が高付加価値化に取り組んでいない低収益の体質で将来性が乏しいと思われれば、後継者になってもらうことは難しくなります。子などへの親族内承継であれば、親子のつながりから半ば義務感で子が引き継いでくれることはあり得ますが、他人である所員がそのような感情的な理由で事務所を引き継いでくれることは期待できません。経済合理的な判断、つまり損得勘定により、引き継いだほうが「得」だと思えば引き継いでもらえますし、そうでなければ拒否されても当然です。つまり、所内承継を見込むのであれば、事務所の事業性、収益性を高めておかなければならないということです。なお、所内承継の場合は、事業譲渡あるいは法人譲渡に関わる対価をどうするのかといったテクニカルな問題も生じるため、より早期の準備が必要となります。親族内にも所内にも後継者がいなければ、第三者承継の道もあります。

いずれにしても、なんらかの形で事務所または事業を承継しなければ、関与先に迷惑がかかります。それを防ぐためにも、事務所の承継については早期からの準備が必要です。また、しっかりと準備をして事務所の事業承継を成功させてこそ、関与先の社長に対しても事業承継アドバイスをする説得力が生まれます。社長が聞きたいのは、経営仲間としての経験に基づくアドバイスなのです。

第2章

業務の付加価値を高め差別化を図る——

会計事務所がとるべき成長戦略

会計事務所の成長とは？

会計事務所が成長するということは、税務に関する実務を極めて専門性を高めることで、関与先企業が増え、売上が増え、それにつれてスタッフ数も増加することです。これらに対して、現状でどう取り組むかを見定める必要があります。

一般的な事業会社においては、会社の成長を目指さない社長はほとんどいません。製品やサービスの販売を増やしマーケットシェアを拡大しながら売上と利益を伸ばし、利益を再投資することでさらに事業を拡大させていく――誰もが目指している会社の成長のあり方です。事業拡大の過程においては事業領域を広げたり、製品ラインナップを増やしたりすることもありますし、必然的に社員も増加し組織が拡大していきます。

事業会社では最終的に実現したい理想が企業理念として掲げられ、そのときの具体的な姿がビジョンと呼ばれる長期的な目標をもって策定されます。ビジョンの達成のために実現していくべき中期的な業績は中期事業計画として立案され、それが毎期の目標予算、さらには毎四半期、毎月の予算として落とし込まれます。そのうえで、予算達成の進捗《しんちょく》が毎月、毎四半期、毎期チェックされ、予実のブレがあれば、その原因が追及されて対策としての業務改善施策や新規事業の開発などが実施されます。それらをＰＤＣＡとして回していきながら、会社が成長すれば次期にはより高い目標予算が設定されます。このようにして、短期、中期、長期で事業規模、組織規模の成長を目指して動き続けていくのが通常の事業会社の組織運営プロセスであり、会社の成長のプロセスです。

しかし、会計事務所の場合になると、中小の会計事務所の多くは事業会社が一般的に策定しているようなビジョンや中期計画を策定していません。つまり成長目標を掲げていない事務所が大半なのです。もちろん多くの所長は、関与先が増え、売上や利益が増えればいいとは考えているはずですが、それを具体的なビジョンや成長計画などとして落とし込んで予実管理などを実現していることはあまりないということです。

事務所を続けていれば、紹介などを通じて結果的には少しずつ関与先が増え、その経理処理のために必要な職員も増え、ある程度の規模までには自然に拡大していきます。しかしそれはビジョンや計画の達成として実現されたものではなく、結果的にそうなったということにすぎません。一言でいえば、会計事務所は売上、利益などの事業規模を拡大していくという、事業会社的な意味での成長を目指していないことが多いのです。

職人タイプの税理士による文鎮型組織の会計事務所には、組織としての実態がない

多くの会計事務所の所長が成長を目指さないのは、士業者として、また専門家としてのプロ意識によるものではないかと考えます。税理士は会計や税務の領域において、関与先企業ではできない税務業務について、専門家としての知識・技術により関与先をサポートします。また、関与先の求めに応じて、特定の業務について自分の知識や技術を用い、手を動かして処理をするという点では「職人」であるともいえます。このような職人意識は、税理士に限らず、士業では一般的に見られるものです。

一方、事業会社の社長は経営者です。もちろん、自分の知識・技能を活かして起業し、職人的な立場から会社をスタートする社長がほとんどですが、ある程度の規模になれば、職人的な業務から経営者の業務へと軸足を移します。逆にいうと、職人的な意識から経営者意識に変わらなければ組織は大きくできないということです。

経営者の仕事はビジョンを策定し、組織をマネジメントして成長させ、ビジョンに近づけていくことです。どの会社でも、一つひとつの業務はもちろん大切ですが、実際に手を

動かしてそれを行うのは経営者ではなく社員です。組織がある程度以上の規模に大きくなれば、社長は実務を行う職人であってはならないのです。

例えばフレンチレストランのシェフが自分の店だけを経営するのであれば、職人としてキッチンに立つこともあります。しかしチェーン展開をして、全国に10店舗を構えるということになれば、シェフとしての仕事はしなくなるか、もしするとしても中心的な仕事ではなくなります。経営者としての仕事が中心になるはずですし、またそうならなければなりません。

そして、事業会社を立ち上げて起業する人は、社会により大きな価値を提供したいという意識をもっている人が多いと感じます。職人ではなく、経営者として会社を成長させることが世の中に価値を提供することにつながると考えているのです。

ところが、士業者はもともと専門家として職人的な側面をもち、また税務の職人としての仕事だけでも食べていくことはできます。自分は会計や税の専門家であり、専門家としての知識や技能で食べていくのだと考えている税理士のほうが多いのが現実です。いわば税務の職人を目指す道です。

もちろんスタッフも雇うことになりますが、税理士がいなければ仕事は回りませんし、事務所は立ち行かなくなります。

このような、1人の経営トップが組織の芯となり、それ以外のスタッフがほぼ同じ立場でトップをサポートする組織形態は「文鎮型組織」と呼ばれることがあります。職人型の税理士を目指す所長の会計事務所は文鎮型組織となります。文鎮型組織というのは少しなじみがないので、以後本書ではこのタイプの会計事務所を「職人型会計事務所」と呼びます。

一般的な事業会社で、組織化された企業であれば、社長が交代したときに多少は方針が変わるかもしれませんが、事業や文化が大きく変わるということはあり得ません。また、BtoCであれ、BtoBであれ、その会社のサービスを求める顧客が、社長がその人だからその会社の製品、サービスを買うということもありません。製品やサービスが優れていると思うから購入したり取引したりするのです。つまり、事業における属人性が少ないのです。A先生がいなくなれば業務が回らなくなる職人型会計事務所は、このような組織的な会社とは対極にあります。

つまり、職人型会計事務所にあっては、会計事務所という組織は、組織としての実態がなく、いわば名目だけの存在です。事務所自体を大きく成長させることがビジョンとして目指されないのも当然のことなのです。

職人型会計事務所が悪いわけではない

実際のところ、職人型会計事務所が業界のほとんどを占めています。統計データでは会計事務所の約6割が職員4人以下であり、職員5~9人の事務所を含めると、全体の約9割を占めます。4人までの事務所ではもちろんのこと、9人程度でも組織的な運営は難しく、職人型の運営がなされていると推察されます。

税理士に限りませんが、そもそも士業を目指す人は組織運営やチームで成果を上げていくことよりも、個人の裁量で仕事を進めていくことを好む人が多いようです。だからこそ、自分の腕一本で食べていける士業を目指すというわけです。そのため、会計事務所のほとんどが「先生+補助スタッフ」という職人型会計事務所となっているのは当然といえば当然です。

自分の腕一本で食べていける士業を目指した結果「しっかり仕事をしてくれるA先生だからお願いしたい」と個人の名前で指名されることは専門家として名誉なことであり、職

会計事務所の職員人数ごとの割合

会計事務所数は約3万／コンビニエンスストア約6万の半分もある

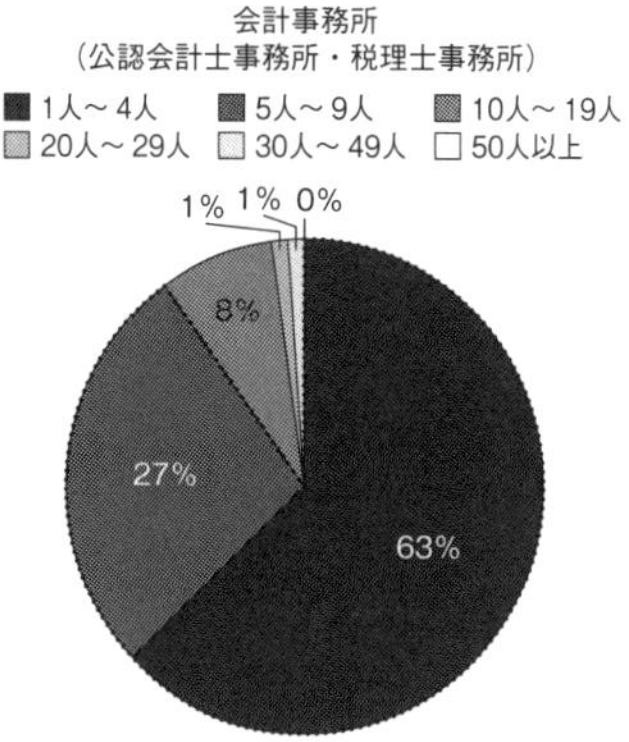

出典：総務省・経済産業省「平成28年経済センサス - 活動調査結果」

業人としてのやりがいや喜び、充実が感じられるはずです。そして、その期待にさらに応えていくため知識や技能を深めてより質の高いサービスの提供を目指すことになります。これが多くの税理士の姿であり、職人型会計事務所の姿です。

しかしその場合、当然ながら引き受けられる仕事量に限界があります。1人のシェフが、10店舗で同時にシェフの役割を務めることができないのと同じです。料理の腕をより高めながら一皿一皿の料理を自分の思いどおりに作りあげてゲストと会話をしながら提供したいのなら、1店舗でシェフを続けるしかありません。逆に、店をどんどん増やそうと思うのならすべての料理を自分で作ることは諦めなければなりません。

税理士業務もそれと似ています。すべての関与先の申告書を自分で確認・チェックをしたいのなら、引き受けられる関与先の数には自ずと限界があります。組織としての成長拡大を目指すのなら、自分が申告書を見なくてもいい体制を作らなければなりません。

そしてその組織体制づくりに必要なのは経営者としての知識や技能であり、なによりも「税の専門家や職人としてではなく、経営者としての仕事をしていく」という強い意志と覚悟です。

税の専門家・職人として知識や技能を深化させていく道と、経営者として組織を成長させていくことはほとんど別の仕事です。それは個人の人生観に根ざす職業観の違いからくる違いであり、どちらが良いとか悪いとかいうものではありません。税理士としてはどちらの道も進むことがあり得ますし、どちらの道を選んでもさしあたって困るわけでもないのです。

3～4人の補助スタッフで30～40程度の関与先の業務を引き受け続けて、働けなくなったら事務所を畳めばいいと考えて事務所を運営している所長は、特に高齢になるほど多数を占めます。それはそれで税理士としての一つの生き方であり、しっかりと責任をもって仕事をしているのであればすばらしいことです。

会計事務所には規模の経済性が働かない？

会計事務所の拡大に関して、組織化をして規模を拡大しようと思えばできるかもしれない、そうすれば売上が増えるだろうと考える人もいます。一方で、人件費などの経費はかかるし余計な業務が増えて忙しくなるだけではないかと、二の足を踏んでいる人も少なくありません。つまり会計事務所においては、いわゆる「規模の経済効果」は生じるのかという問題です。この点については数値例で確認すると分かりやすいです。

職員を増やしていく事例

いずれの例においても、

・1人あたりの年間売上高を800万円（所長も含む）
・職員は1人あたりの年間給与を400万円
・そのほか経費などを売上総額の20％

・売上から職員給与と経費を控除した残りが所長の収入と仮定します。

【例1】

所長1人、職員3人の場合です。職人型会計事務所としてミニマムな運営をしている多くの事務所はこのくらいの規模に当てはまるという、いわば基準となるレベルです。

この場合、事務所全体の売上は3200万円、職員給与は1200万円、経費は640万円で、1360万円が所長の収入になります。


【例2】

職員を7人に増やします。売上は6400万円と倍になります。職員給与は2800万円、経費は1280万円で、所長の収入は2320万円です。このレベルになると、多くの所長は収入的には不満がなくなります。ただし、申告書の最終チェックや税務調査立会などは所長自ら行っているため、忙しくはなります。

【例3】

職員を14人に増やします。この規模になると、所長1人で実務をこなすことは難しくなり、また、職員の管理業務も増えるため、所長が担ってきた実務を肩代わりしてもらう役職としての副所長（税理士）を外部から1人招聘《しょうへい》します。

売上は1億2800万円になり、職員の給与は5600万円、経費は2560万円です。売上から職員給与と経費を控除した残りは、4640万円になり、これを所長と副所長とで分配します。分配割合は個別に決められるものですが、もし副所長が以前は所長が担当していた実務の大半を担うことになるならば、半々でも不自然ではありません。そうだとすると、それぞれ2320万円ずつになります。つまり、所長の収入は【例2】のときと変わらないのです。実際には多少の差を付けるとしても、所長の収入が副所長の倍になることは考えられません。つまり増分が逓減していくのです。

また副所長を雇い入れることは、例えば、副所長が辞めて独立していく際に関与先を取られてしまうといったリスクも生まれます。副所長に実務面での管理を任せ、自分の手が離れれば離れるほどそのリスクは高まるのです。また、自分がすべてを見ていないということにより、申告書のミスなど業務に不備や事故が生じる恐れが出るのではないかという

例1：所長1人、職員3人の税理士事務所

所長：申告書の最終チェック・署名押印、税務調査の立会など実務に関わっている
職員：資格なし

1人あたり売上800万円とすると…
→事務所全体売上3200万円

職員給与1人：400万円
→人件費1200万円

その他経費（家賃、システム、消耗品など）
売上の20%とすると640万円

所長収入：1360万円

例2：所長1人、職員7人の税理士事務所

所長：申告書の最終チェック・署名押印、税務調査の立会など実務に関わっている
職員：資格なし

1人あたり売上800万円とすると…
→事務所全体売上6400万円

職員給与1人：400万円
→人件費2800万円

その他経費（家賃、システム、消耗品など）
売上の20%とすると1280万円

所長収入：2320万円

例3：所長1人、副所長1人、職員14人の税理士事務所

所長：申告書の最終チェック・署名押印、税務調査の立会など実務に関わっている
副所長：外から招聘。主に所長と同じ仕事を行う（実務的には副所長のほうが忙しい）
職員：資格なし

1人あたり売上800万円とすると…
→事務所全体売上1億2800万円

職員給与1人：400万円
→人件費5600万円

その他経費（家賃、システム、消耗品など）
売上の20%とすると2560万円

所長・副所長収入：4640万円
（所長：2320万円？　副所長：2320万円？）

所長の取り分は、所長1人と職員7人でやっていた頃と変わらない。

むしろ、副所長が独立して関与先がついていってしまうリスクが増える。
また人材の面倒を見る手間も増える。

専門職ゆえに「自分の目が行き届かなくなること」が
最大のリスク と考える。だから大きくはしない。
（もちろん理由はそれだけではないですが…）

著者作成

懸念も生じます。

このような想定をしていると、組織を拡大・成長させて組織的運営の会計事務所を目指すよりも、自分がすべて目の届く範囲に業務を限定する職人型組織のままにしておいたほうがいいのではないかというのも、自然な考え方ではあります。

職員数「10人の壁」と「30人の壁」はあるが、規模の経済性は働く

しかし、実はこの想定は間違っています。なぜなら「規模が大きくなっても職員1人あたりの売上高は変わらない」という仮定が事実に反しているためです。

実際のデータを確認すると、事務所が大規模化していくと事務所全体の売上高だけではなく、職員1人あたりの売上高も増加しています。ただし、職員1人あたりの売上高の増加は事務所規模と直線的な正比例関係にはなく、段階ごとに増えていく点に注意が必要です。

職員1人あたりの売上高を56ページのグラフの階級ごとに確認すると、1～4人の事務所と5～9人の事務所では、ほぼ変わらず800万円程度です。ところが、10～19人の事

務所になると、940万円と、17％程度も増加します。会計事務所全体の90％が9人以下の規模にとどまっているということからも、10人が一つの高い壁となっていることが分かります。

その組織化というハードルを乗り越えることができたから1人あたりの売上高が上昇したのか、逆に1人あたりの売上高を上昇させることができたから組織化することができたのか、因果関係はこのデータだけでは分かりませんが、いずれにしても「10人の壁」があることは間違いありません。

そして興味深いことに、職員数が20～29人になると1人あたりの売上高は少し下がります。統計的な誤差はあり得ますが、この規模は間接費の増加と生産性の増加において、ちょうど谷間のようになる規模なのだと推測できます。つまり、この規模の組織を維持するためには、間接部門専任の職員を雇用したり、社内システムを整備したりしなければなりませんが、それが生産性向上に寄与するほどの規模にはなっていない「どっちつかず」の中途半端な規模になってしまっているわけです。しかしそれでも、9人以下の事務所に比べれば、まだ高い1人あたり売上高の水準です。

そして、30～49人の事務所では1203万円、50人以上の事務所では1495万円と、

職員数10人の壁・30人の壁

本当に規模の経済性は働かないのか？　規模別　会計事務所（公認会計士・税理士）

	事業所数（1～4人）	1従業者数あたり売上（円）	事業所数（5～9人）	1従業者数あたり売上（円）	事業者数（10～19人）	1従業者数あたり売上（円）
公認会計士・税理士	18,289	8,070,000	7,870	8,170,000	2,394	9,460,000
公認会計士	1,510	9,300,000	641	9,250,000	222	10,020,000
税理士	16,779	7,960,000	7,229	8,070,000	2,172	9,400,000
	事業所数（20～29人）	1従業者数あたり売上（円）	事業所数（30～49人）	1従業者数あたり売上（円）	事業者数（50人以上）	1従業者数あたり売上（円）
公認会計士・税理士	379	9,070,000	166	12,030,000	87	14,950,000
公認会計士	51	9,890,000	27	12,800,000	43	15,850,000
税理士	328	8,940,000	139	11,860,000	44	11,280,000

出典：総務省・経済産業省「平成28年度経済センサス-活動調査結果」

会計事務所〈一人あたり売上高（円）〉
公認会計士・税理士事務所

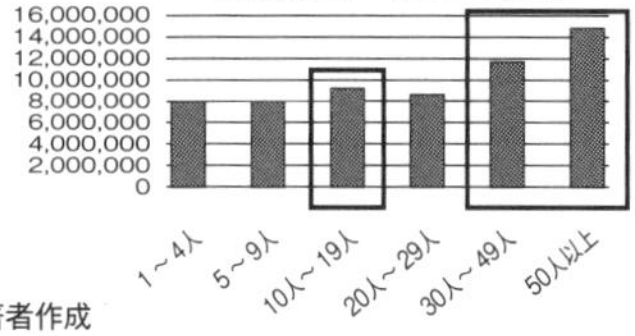

税理士事務所〈一人あたり売上高（円）〉

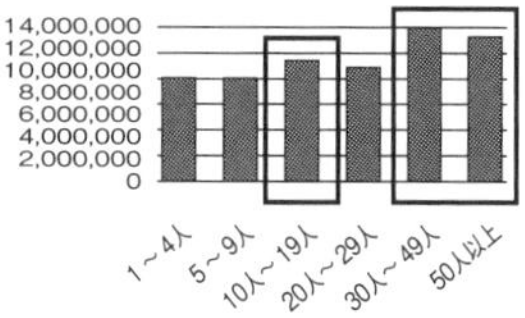

著者作成

１２００万円を超える水準となり、10～19人の事務所に比べて約30％の上昇となっています。ここから、30人を超える規模になると、間接部門の設置などによる組織的な運営がうまく回り始めて、生産性が大きく向上することが期待できます。つまり、ここにも「30人の壁」があります。ただ、先の人数別事務所数のデータによると30人以上の規模になっている会計事務所は全体の１％未満であり、非常に高い壁であることが分かります。

　このように、組織規模別に会計事務所の生産性を見ると、10人の壁、30人の壁があり、それぞれの壁を越えると階段状に１人あたり売上高が増加しています。つまり、直線的な正比例関係ではないものの、会計事務所においても確実に「規模の経済性」は働くということです。会計事務所を成長させていく価値は十分にあるということです。

職人型会計事務所のままでの生き残りが厳しくなっていく理由

経営者として組織を拡大させ、規模の経済性を発揮して生産性を向上させる成長の道を選ぶのか、それとも職人としての業務に徹して、規模の拡大を追求しない道を選ぶのか、どちらの道を選ぶのかは所長の自由です。

しかし、中長期的に将来を見越せば、少人数の職人型会計事務所は競争が激しくなり、生き残りが難しくなっていくことは間違いありません。もちろん、今すぐ多くの会計事務所が廃業に追い込まれるといった話ではありません。これまで20年事務所を続けてきて、現在も順調に回っている60歳前後の所長であれば、リタイアまで大きな問題もなく続けていくことは可能です。ただ、厳しくなっていく状況があるということは認識しておくべきでしょう。

また、現在40代などの若い世代の所長であれば、リタイアまではまだかなり長い年月があります。その場合にはより深刻な事態に見舞われる可能性が大いにありますので、いっそうの注意が必要です。

大規模事務所はマーケティング力で新規開業企業を獲得している

その理由の一つ目は、大規模化、グループ化する会計事務所が増えれば、小規模の事務所は徐々にそのマーケットを奪われていくということです。設立数年以内の新規開業企業の顧問獲得においては、強いマーケティング力をもつ大規模事務所がどんどん有利になっています。新規開業企業の社長は比較的若い世代であるため、ネットを駆使してあらゆる情報を探します。会計事務所選びにしても、以前なら金融機関や知り合いの経営者からの紹介で選定することが中心でしたが、現在ではネット検索で探すことが一般的です。すると、多額のマーケティング費用を掛けているネットマーケティングに強い大規模事務所が有利になります。

税務顧問契約は一度結べば大きな不満がない限りリプレースされることはないため、長い目で見れば新規企業の獲得に強い会計事務所が規模を拡大していくことは当然です。

コロナ禍がエリアビジネスを変えている

理由の二つ目は、会計事務所がネット検索により選ばれる場合は、地域も基本的に関係なくなるということです。従来は多くの士業はエリアビジネス、すなわち一定地域内の顧客を対象とする地域密着型ビジネスでした。ある町で起業した経営者が税理士に顧問を依頼する場合、以前から知り合いだったなどの特別な事情がなければ、他県の税理士や弁護士に依頼することは通常ありません。会社があるのと同一か、あるいは近隣の市区町村にある事務所を選びます。これは、対面での相談に乗ってもらえることが士業選びの一つのポイントだったからです。

しかし、クラウドシステムの登場やＩＴの進歩、さらにはコロナ禍がその状況を一変させました。ほかの多くの産業と同様、会計事務所においてもリモートでの業務提供が増え、関与先のほうもそれを当然のこととして受け入れるように意識が変わったためです。

月次の経理データは会社の経理担当者がクラウド経由で入力するか、あるいは会社のパソコンに保存したデータをメールで送付するなどしてやり取りすることが増えました。帳簿や証票類も、デジタル化してオンラインでやり取りされます。その動きをさらに推進するように、２０２２年１月１日に改正電子帳簿保存法が施行され、帳簿類はデジタルデータとして保存されることが義務づけられました（2023年12月末まで猶予措置）。

また、商談などがオンラインでなされることが増えたように、月次監査もビデオチャットなどで実施される場合が増えています。データのやり取りも月次監査もオンラインで済むなら、会計事務所を近隣地域から選ぶ必要は薄れます。唯一、税務調査が実施される際には訪問してもらうことが必要ですが、これは数年に一度のことであり、事前に予定が分かるものですから、そのときだけは出張して来てもらえばいいだけです。

すると、ネット検索で会計事務所が探索される際は全国にある事務所から、価格やサービスが適正な事務所が選ばれるようになります。北海道や九州の会社が、東京の有名な大規模事務所に依頼するということが当たり前になってきているのです。地方の会計事務所から見れば、従来は無関係だった都会の大規模事務所が、突然、顧客を奪い合うリアルなライバルになったということです。これも、従来の職人型事務所の生き残りを難しくしています。

経営者は「経営者」を戦略参謀にしたい

三つ目の理由として、事業会社の経営環境の変化があります。古くは昭和の高度経済成長期から1991年にバブルが崩壊するまで、相対的に見れば企業経営はそれほど困難ではありませんでした。人口は増え、国内市場全体が成長し、変化があってもそれは緩やかなものであったためです。

ところが近年は、人口構成の変化による国内市場の変化と縮小、若年労働力不足、ICTやビッグデータ、AIの普及などによりかつてのビジネス環境が大きく変化し、常識が通じない時代になってきています。コロナ禍がそれに拍車を掛けました。

ビジネス環境が激しく変化する時代にあって、中小企業の経営者は日々さまざまな悩みや課題を抱えるようになり、それを誰かに相談したいと思っているのですが、社員には経営者の本当の悩みや課題は分かりません。

そういった悩みを聞き、課題解決の方向を考えて提示すること、つまりコンサルティングをすることが、会計事務所にとってはコモディティ化していない付加価値の高い業務の切り口になります。つまり関与先の税務の専門アドバイザーにとどまらない、社長の参謀になるということです。中小企業の経営者が参謀としての意見を求めたい、あるいはコンサルティングを受けたいと思う相手は、「自分も経営をしている経営者」を指します。

もちろん、特定の業務事項についてであれば、専門家やコンサルタントに相談して専門的な知見からのアドバイスを得たいということもあります。しかし、もっと漠然とした経営全般に関わる戦略上、組織上の悩みや経営者個人の悩みは、そのような業務上の課題としてコンサルタントに相談するものとは内容が異なります。

例えば、自分が高齢になってきたなかで、このままあと10年、20年と第一線で経営を続けていくべきなのか、それとも早期に事業承継をしたほうがいいのか、株式市場への上場（ＩＰＯ）を目指すべきなのか、あるいはＭ＆Ａをするほうが会社の成長に資するのか、そういった経営全体の方向性に関わるような悩みです。

そして中小企業の場合、そこに経営者個人の悩みが重なってきます。自分の社長としての力量は客観的に見てどの程度のものなのだろうか、自分はいつまで働いて、どんなリタイアをするのがよいのだろうか、どうすれば会社の経営を良好に回しながら個人資産を増やすことができるだろうか、また、自分の死後の相続までを見据えた際に、事業承継をどう準備するのがよいのだろうか、といったことです。

50人、１００人といった規模の組織を率いている経営者は、職員が2～3人の職人型事務所に税務の悩みは相談しても、経営の悩みを相談しようと思いません。なぜなら、そのような職人型事務所の所長はそもそも組織的な経営をしていないのですから、組織経営の悩みがリアルに分かるとはいえないからです。

したがって、会計事務所がそういう相談を受けるためには、所長自身が経営者としてしっかりとした経営を実現し、組織を成長させていたほうがよいでしょう。そうすれば、自らの経験や実践に基づいたリアルなアドバイスができます。

職人型事務所のままでは、税務顧問の業務だけであれば引き続き受けていくことは可能ですが、高付加価値業務を受けることは容易ではないのです。社長からすれば、幅広い相談ができるほかの事務所が選択肢にある状態で、税務だけを会計事務所に任せるという形を続ける意味はありません。

高付加価値業務への取り組みで事務所を成長させる

職人型会計事務所である現状に不安を感じる所長が増えていることも事実です。

・スタッフを増やし、関与先も増やして、組織を拡大させながら売上を伸ばしていきたいが、どうすればいいか分からない。現状の仕事で手いっぱいで組織拡大に着手する余裕がない。

・インボイス制度など税制がどんどん変わるうえに仮想通貨やＮＦＴなど新しい資産形態も増えてきて、知識をアップデートしていくのが大変に感じる。この先も自分がすべての申告書を見るというのは難しそうだ。

・月次顧問と申告業務以外の高付加価値の業務に取り組み、収益性を高めたいが、できる人間がいない。スタッフをどう育てればいいのかも分からない。

・自分に代わって事務所を先導してくれ、将来的には事務所経営を任せられるような有資格者をずっと探しているが、いい人材が採用できない。有資格者を採用しても長続きせずにすぐに退所してしまう。

こういった悩みや課題は非常によく聞きますが、これらの悩みの共通項は「人」であるといえます。つまり人材のレベルを引き上げていくことが重要なのですが、高付加価値業務への取り組みは、単に関与先から多くの収益、高い利益を得る、ということだけではなく、人を育てることにつながります。

当然、簡単なことではありませんが、高付加価値業務に取り組むことで、確実に職員の

高付加価値業務による成功のスパイラル

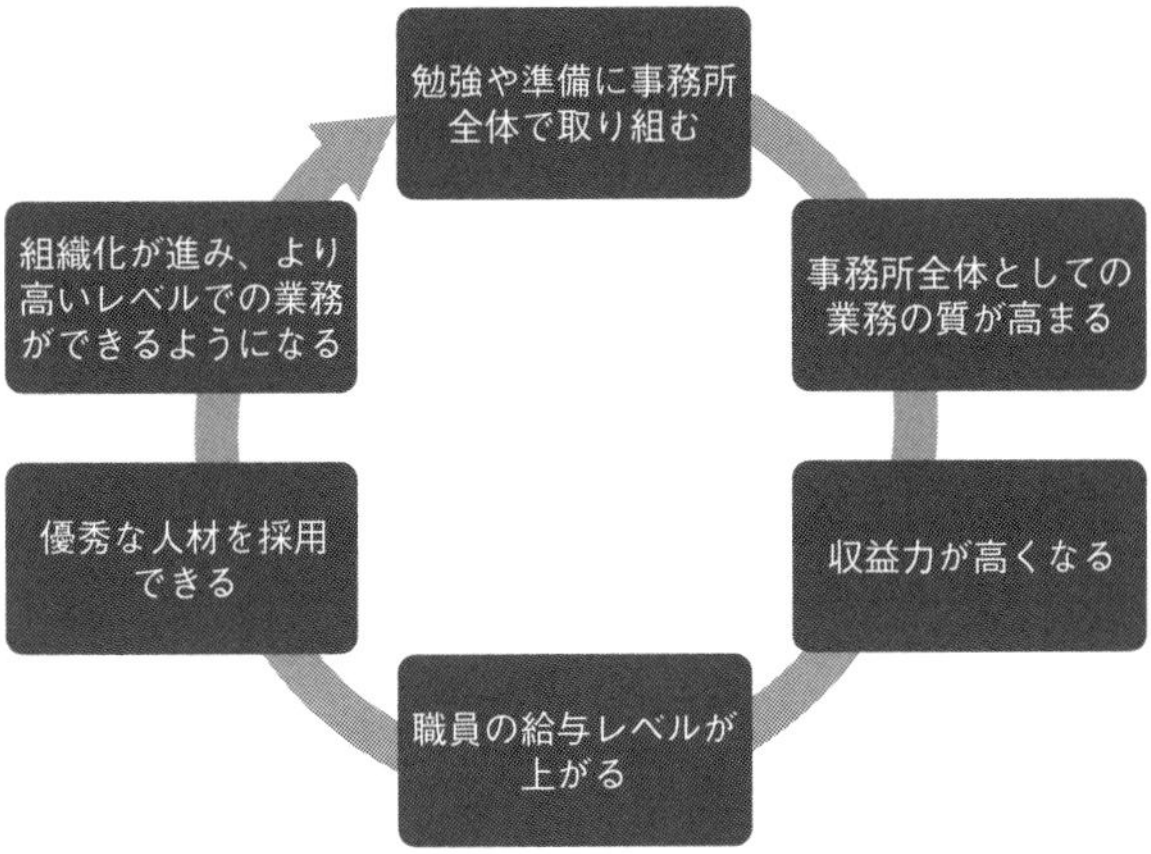

著者作成

意識は変わります。顧問先に対してもっとできることはないか、役に立ちたいという意識が高まるのです。そしてこの意識の高まりが、職人型ではない、自律可能な組織化の礎になります。そして、会計事務所の経営が組織化されていけば関与先の経営者からの信頼が得られやすくなり、ますます高付加価値業務に取り組みやすくなっていきます。

高付加価値化への取り組みと、組織的経営への変化、そして人材の育成・成長は、相互に好影響を与えながら、同時に進行していくのです。

会計事務所の高付加価値業務取り組みの基本=ハンバーガー戦略

では、会計事務所が高付加価値業務に取り組むために具体的になにから着手すればいいのでしょうか。それを考えるヒントとして、私は68ページのような「ハンバーガー」の図で説明します。

関与先をハンバーガーにたとえるとハンバーガーの中で最もおいしいところであるパテ（ハンバーグ）が、「財務・会計」の業務です。ここは、会計事務所がすでに「食べて」います。ところが、このハンバーガーにはまだ食べられるところがたくさんあります。

上側のパンは「成長戦略」「業界再編」で、下側のパンは「事業承継・M&A」です。レタスの部分は、「社長の参謀（ビジネスの相談役）」です。トマトの部分は「収益ポイント」で、企業価値評価、人材育成、MAS監査などが例です。パテはもちろん、上下のパンもレタスもトマトも、どんな会社にも必ず存在する要素であり、かつ食べられる部分、つまり会計事務所が取り組むことにより収益を生める部分です。

重要なのは全部を一気に食べようとせず「上から下に食べていく」ことです。当たり前ですが、事業承継やM&Aは将来の経営をどうしていきたいのかという経営戦略、成長戦略の一環であり、いわばその実現のための手段です。したがって、社長に話をする際にも、いきなり事業承継について聞くのではなく、成長戦略を切り口に話すべきです。

なにしろ既存の関与先ということは、すでにハンバーガーが目の前に置かれていて、食べていいですよと差し出されている状態ともいえます。新しいハンバーガーを探す手間を掛けなくても食べることができるのです。

ところが実際には、ほとんどの会計事務所では、パテを食べるだけでパンやレタス、トマトなどには手を付けずに残してしまっているという、とてももったいない状況になっています。そして残した部分はどうなるかといえばほかの人、例えば銀行や、そのほかの関係業者が食べてしまうのです。

私が高付加価値化の戦略として会計事務所の所長に提案したいのは「ハンバーガーのすべてを食べるようにしましょう」ということです。

あるいは、すべてとはいわないまでも、少なくとも社長が現時点で悩みや課題だと思っている部分を見つけられれば、必ずそこは食べに行くようにする、捨ててしまわないということはしていくべきです。これが、会計事務所の高付加価値化の入り口であり、かつど

高付加価値業務取り組みの基本（ハンバーガー戦略）

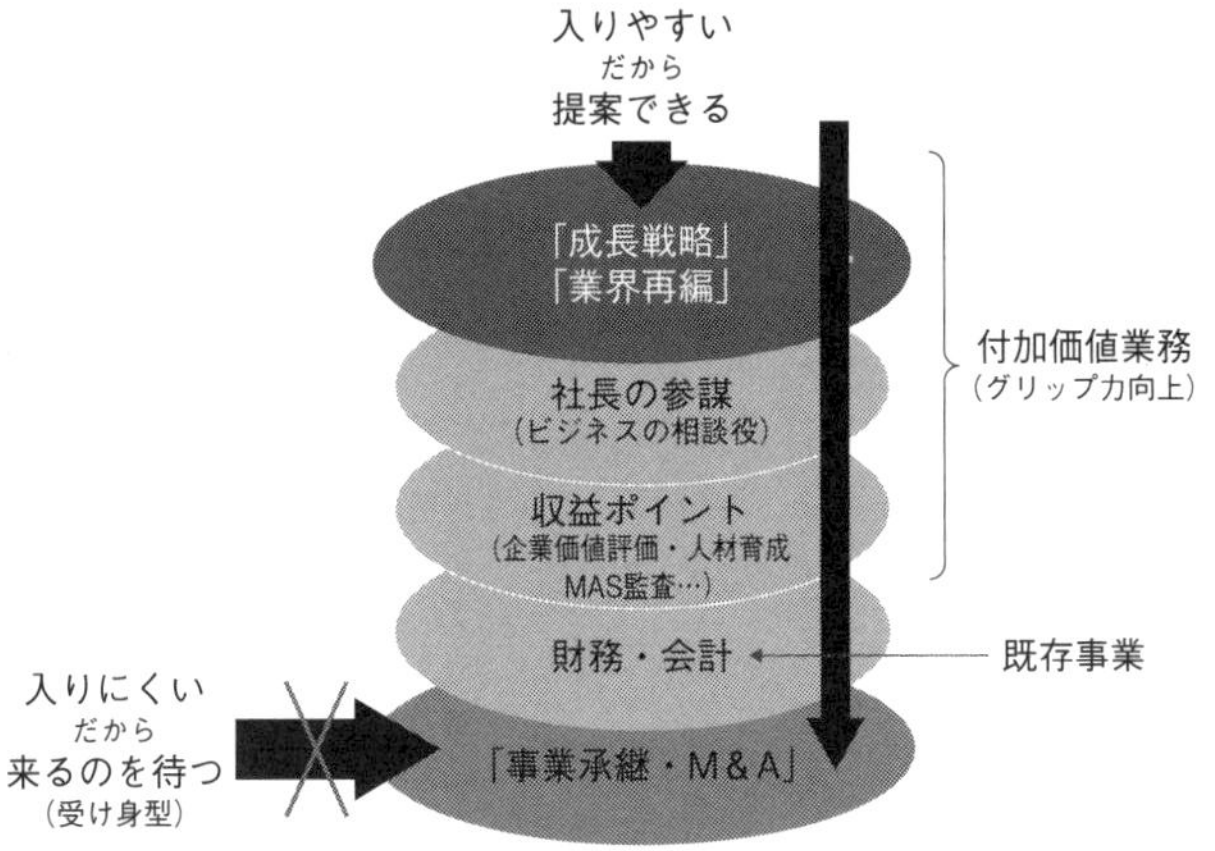

著者作成

んなことをやるときにも常に意識しておかなければならない基本フォームなのです。

高付加価値業務へ取り組むことは難しくない

業務の高付加価値化と聞くと、高度な知識が必要だと感じてしまい、「経営者の課題解決」にしろ「成長戦略」「事業承継・M&A」のアドバイスにしろ、MBAや中小企業診断士の資格を取っているようなコンサルタントでなければできないのではないかと敬遠しそうになります。しかし決してそんなことはありません。特にレタスにあたる「社長の課題、悩み」に応えるのに必要なのは、ほんの少し担当者の意識や仕組みを変えるだけで、まったく難しいことではないのです。

同じ規模の会社を担当して、年間60万円と500万円の報酬になった理由は？

私が実際にお付き合いしている会計事務所でこんな事例がありました。その事務所にはA氏、B氏という2人の職員がいて、A氏はX社、B氏はY社という会社を担当しています。X社とY社は同業種で、売上規模もちょうど同じく15億円程度と顧問先としては規模のある企業でした。ところが、A氏担当のX社からは年間500万円くらいの報酬をもらっているのに対して、B氏担当のY社からは年間60万円の税務顧問報酬しかもらっていませんでした。

なにが違うのかというと、A氏は社長の悩み、課題を聞いてそれに応えていたのです。あるときX社の社長が後継者育成についてA氏に相談したことがありました。社長が目をかけてゆくゆくは後継者にしたいと考えている社員が3人いるものの、社長から見て3人ともうまく育っていない、社長の伝えたい話を理解できていないようだという内容です。社長のほうも短気で、つい端折《はしょ》って話してしまうせいもあるかもしれないとのことでした。そこで、A氏は両者の間に自分が入って橋渡しをする役を担うことを提案しました。社長の話をうまく伝えると同時に、彼らから社長に伝えたいと思っていることも吸い上げて社長に伝えることにすれば、後継者候補の社員たちにとっても意見を言いやすいはずだともちかけたのです。

そしてA氏は毎月1回の経営会議に参加するようになり、それ以外にも日々のやり取りの仲介役になって、月20万円ほどの報酬を得られるようになりました。社長からすれば、その役割のために社員を一人増やすと思えば安いものだということで納得しました。そうして社内の事情に深く食い込むようになると、今度はまた別の課題が見えてきます。すると、今度はA氏のほうから社長にもちかけ、事務所でそういった問題の解決を得意にしている者がいるから連れてきますよと言って、請け負う仕事を広げることができます。プロジェクトチームをつくらせたり、総務関係の別の業務を請け負ったりしていくうちに、全部合わせて年間500万円くらいの報酬を得られるようになっていたのです。大きな高付加価値業務です。

一方、B氏も最初は関与先の社長が出てきて応対しており、同じようにちょっとした困りごとや悩みごとを聞いてはいたのですが、B氏は日々の作業に忙殺されていたこともあり、自分の業務範囲外の話には相づちを打つだけの対応でした。そのうち訪問しても社長は出てこず、経理担当者と会計データをやり取りするだけになり、当然、報酬は当初からの月5万円の税務顧問料だけで何年経っても変わらなかったのです。

A氏から話を聞いた私は、その会計事務所での会議に参加した際、A氏のアプローチや彼のX社での働き方についてほかの職員がどれくらい知っているのか尋ねてみたのですが、B氏をはじめ、所長以外の職員はほとんど誰も知りませんでした。所内で横の情報共有はなされておらず、その仕組みがなかったのです。

事務所が組織化していることで付加価値業務の収益化がしやすくなる

A氏の例のように、高付加価値業務といってもその入り口は難しいことではなく、要は関与先の社長の話をよく聞いて、特に悩みや問題、課題の話題がないかアンテナを張っておくということです。そして解決すべき問題や課題があれば、それはうちの事務所で対応できますよと気軽に提案をすればいいのです。

なんの付き合いもない相手に自社の製品やサービスを提示して、いきなり提案や売り込みをすれば警戒され、心のバリアを張られてしまいます。いわゆるプロダクトアウトと呼ばれる、製品・サービスありきのやり方では成功の可能性は低いのです。

一方、最初から税務顧問としてお付き合いのある社長に、先に問題や課題を聞かせてもらって、それに対する解決策（ソリューション）を提供するという形で提案するのであれば、成功の確率は飛躍的に高まります。むしろ渡りに舟とばかりに、社長が話に乗ってきてくれることのほうが多いのです。

組織化をしているから追加報酬請求をしやすい

ただし、その際に注意すべき点もあります。それは、追加の業務を請ける際できるだけ既存の税務業務の担当者とは別部門の担当者を割り当てることです。同じ担当者が別業務を行っていると、作業量にもよりますが、ついでにあれもこれもという具合になんでも押し付けられてしまって、定額の顧問報酬に「込み」のサービスとしてとらえられてしまうことがよくあるためです。

別の部署、別の担当者が担当すれば、別の請求となることに違和感はありません。その意味からも、事務所を拡大して、組織化をしていることが有利になるのです。

なお、ある程度の大規模化に成功している会計事務所では、事務所とは別に経営コンサルティング業務を行う株式会社をもち、そちらで引き受ける形にしている場合もあります。

また、余談ですが株式会社は、税理士法人には認められていないIPOも可能ですし、会計事務所自体をM&Aする際に、スキームの選択の幅を広げることもでき将来の事務所経営の選択肢が増えます。

事務所内で対応できなくても、事務所がハブとなればいい

担当者が関与先経営者の悩みや課題をうまくキャッチしたとしても、事務所内にはそれに対応できる人材がいないということもあります。しかし、それを理由に担当者が話を打ち切ったり流したりしてしまうと、社長のほうでは、この人には話しても無駄だと感じ、関係性が薄れてしまうこともあります。

そこで、事務所内で対応できないと分かっていても、適任な人を紹介できると申し出て、それに対応できる人や会社などにつないでいきます。つまり、自分たちはハブ機能を担えばいいということです。

それによって紹介した相手から紹介料などを得るかどうかは、内容によりケース・バイ・ケースですが、いずれにしても、ワンストップで社長の相談を受けられるような意識

作りをしておくことが非常に重要です。そうしておかなければ、事務所で対応できる高付加価値業務も取り逃がしてしまうことにつながるからです。

高付加価値業務を成功させる三つのポイント

高付加価値業務への入り口は難しいものではありませんが、それでもいきなり、明日から高付加価値業務に取り組みましょうといって、すぐに成果が出るものではありません。

そこには、三つのポイントがあります。

（1）既存業務は徹底的に効率化して軽減しておく

職員が高付加価値業務に取り組むためには、余裕が必要です。税務計算、書類作成だけで残業をしているような状況では、新しく高付加価値業務に取り組める時間はありません。

そこで、業務分担を見直して、クラウドの活用やＲＰＡ（Robotic Process Automation）システムの導入なども通じて無駄な作業を減らし、既存業務を徹底的に効率化しておくことが必要です。

（2）職員への教育と意識付けを図る

高付加価値業務はそれまでの記帳代行や計算業務とはまったく異なる業務になるので、職員への教育や意識付けは必須になります。これは、知識と経営者意識の両面が必要です。社長の悩みは、だいたい「カネ」「人」「事業の将来」のどれかに該当します。そのうちカネ、つまり資金繰りや融資の相談については、既存の税務顧問業務の範疇《はんちゅう》にあるものなので、すでに知っている範囲で対応可能なことが多いはずです。「人」と「事業の将来」については、それを意識した勉強会などを所内で開催して、まず職員が社長の話に対応できる知識を身につける必要があります。社長は、しっかり経営している経営者からのアドバイスを受けたいと思います。職員にそれを求めることは不可能ですが、経営的なマインドをもたせて、社長の課題を想像できるようにすることはある程度可能です。実際、そのような取り組みに成功している会計事務所もあります。

社長の経営参謀になることは難しくとも、相談を受けて、専門的な知識をもつ人につなぐハブになることは職員であっても可能です。ハブになるためにも、ある程度の知識やマインドは必要なのでそれを身につけさせます。ただし、いきなり職員全員のマインドを変えることは無理です。興味のある担当、向上心があり前向きな担当にはじめは集中して、徐々にほかの職員に広げていくことが重要です。

（3）高付加価値業務を定着、深化させる仕組み作りをする

高付加価値業務への取り組みを定着させるには、それをきちんと評価する仕組みも必要です。例えば成果を上げた職員に対してなんらかのインセンティブを与えるなどです。ここでも、組織化は有効になります。組織が大きくなれば、管理職などのポストを用意し、ポストへの昇進をステップとするキャリアパスを提示することもできるからです。

このようにして、職人型組織から階層構造に組織化された経営体制へと変化していきます。ある程度の事業会社ならどこでも行っている「組織経営」が実現できるようになるのです。そのことが業務を高付加価値化させ、生産性を向上させる基盤になります。

また、社内での勉強会、研究会により、高付加価値業務の成功事例を共有する仕組みは必要です。成功、失敗の経験を共有し蓄積していくことで、業務が深化していきます。私も士業事務所で働いていたのでなんとなく分かるのですが、会計事務所で働く人は、一般的に、ほかの人と密接にコミュニケーションしながらチームで仕事をするよりも1人でコ

ツコツと取り組む仕事のほうを好むことが多いように思います。そのため、せっかく1人の職員が良い取り組みをしてもそれがなかなか事務所全体で共有されません。そこで、情報共有を図るための場を、公式に制度化することが必要です。場合によっては、情報共有に対する褒賞制度などを制定するといったことも有効です。

さらに、ハブ機能としてほかの事務所や他社を関与先に紹介して彼らに解決策の話をしてもらうときなどは、社内の事務所職員にとっても非常に良い勉強の機会になります。このような業務のときにはこんなふうに提案をするのか、社長はこういうものを求めているのかなどといった、自事務所の業務だけでは知ることができなかった知見を得ることができます。

したがって、ハブ機能を果たすときであっても、単に紹介して丸投げしておしまいというようにせず、できる限り職員を関与させるようにしていけば、職員の意識や提供できる高付加価値業務の幅も大きく変わっていきます。

生き残り戦略の種類

会計事務所が生き残っていくための戦略として、業務の高付加価値化を図ることができるハンバーガー戦略は、どんな会計事務所でも取り組める、いわば高付加価値化のための基本戦略です。そのほかにも、会計事務所が生き残っていくための戦略には違ったパターンもあるため、いくつか例を挙げます。

専門特化戦略

これは、ハンバーガー戦略と組み合わせることで効果的に高付加価値化を実現できる可能性があります。

専門特化は、細かく見れば業界専門と分野専門とに分かれます。業界専門は、例えば医療業界、建設業界、ＩＴ業界、飲食業界などに特化、あるいは特化まではいかなくても、強いことをうたっていく戦略です。一方、業界ではなく分野に特化している事務所もあります。例えば相続税務専門、海外税務専門などです。

こういった専門特化型事務所となるためには、当然ながらオールマイティに対応する一般的な事務所ではできないような、深いレベルでの税務知識と関与とが求められます。そして深いレベルでの関与をしていけるだけの専門知識を深めることで、経営参謀としてのアドバイスもしやすくなります。ハンバーガー戦略との相性も非常に良く、高付加価値化させやすい点が特徴です。

また、従来の地域密着型かつオールラウンド型の会計事務所とは逆に、関与先の全国化やリモート化が有利に働くこともこの戦略の大きな特徴です。「◯◯に強い事務所」であれば、全国のどこの地域にある事務所でも顧問を依頼したいという企業の需要があるためです。

ただし、専門特化戦略は単に看板を掲げればできるわけではありません。実際に、その業界での会計業務、税務申告を数多くこなし、業界固有の税務や業務について知悉《ちしつ》していることが必要です。◯◯専門とうたいながら、実務経験が2～3件しかないのでは話になりません。そのため、専門特化型事務所になるためには一定の時間が必要です。

地域密着戦略

士業は元来エリアビジネスですが、コロナ禍以降にＩＣＴ化、リモート化が進み、全体的には地域密着による優位性は薄れてきています。特に、顧客が新興企業となる場合にはそれが顕著です。

今後、会計事務所の地域密着は、どちらかといえば長期的な視点での拡大・成長のための戦略というよりも、職人型会計事務所における生き残りという意味合いが強い戦略となります。

地域密着戦略を採る場合は、地域産業のハブになるという意識を強くもつことがポイントになります。例えば銀行や信用金庫、信用組合など地域金融機関との連携を強めて、金融機関と地域企業とを結びつける役割を果たす、あるいは、地域企業同士が業務提携や資本提携などにより経営強化を図る際には、それを仲介するような役割を果たすといったことも選択肢の一つです。

低価格戦略

月次の顧問報酬や決算報酬を引き下げ、低価格で請け負い、関与先を増やす方法です。一般的に中小企業は経営資源が少ないため、低価格は非常に大きなメリットだと感じられます。予算に余裕のある大企業と違って価格に敏感なのです。そのため、低価格を訴求する戦略はかなりの力をもちます。

ただし、同じサービスを提供して単に価格を下げただけでは収益性が下がります。したがって、まずクラウド、RPAを活用するなどして徹底的な業務効率化を図り、低コスト体質の事務所をつくらなければなりません。サービスメニューを細かく分けて、基本サービスは本当に最低限のことしかやらないように設定するといったマーケティング上の工夫も必要になります。

この戦略によって高い収益を生むためには、当然、多くの関与先を抱えることが必要です。つまり、規模が大きくならないと維持できない戦略であり、低価格戦略を採るのであれば組織拡大を意識的に追求する必要があります。

また今後、クラウドの会計システムがより高度化してくると、低価格路線の事務所が提供する基本的サービスだけなら、企業が自分たちだけでクラウドの会計システムを使って実現できるようになることは十分にあり得ます。低価格を入り口としながらもハンバーガー戦略を追加して、どこかで高付加価値業務を探っていくような2面戦略が必要になります。

コラム　各企業のトップは、高付加価値業務についてどう考えているか

以前、会計事務所業界に関係する有名企業のトップに、会計事務所が高付加価値化に取り組むにあたっての考え方を聞く機会がありました。

株式会社マネーフォワード代表取締役社長CEO　辻　庸介氏

「関与先社長のさまざまな悩みを解決するために、会計事務所がハブとなって、さまざまな専門的な人たちを紹介しネットワーキングするという考え方が大切だと思います」

freee株式会社CEO　佐々木大輔氏

「関与先企業の数字とデータをタイムリーに可視化してあげること。そのうえで、社長の考えを整理して一緒に悩むということが大事だと思います」

第3章

事業承継の問題に悩む中小企業をサポートし
会計事務所も成長できる
「M&A支援業務」

中小企業の事業承継意向

（単位：%）

<table>
<tr><td>分類</td><td colspan="2">アンケートの回答による定義</td><td colspan="2">2019年調査
（n＝4,759）</td><td colspan="2">2015年調査
（n＝4,104）</td></tr>
<tr><td>決定企業</td><td colspan="2">後継者は決まっている
（後継者本人も承諾している）</td><td colspan="2">12.5</td><td colspan="2">12.4</td></tr>
<tr><td rowspan="5">未定企業（事業承継の意向はあるが、後継者が決まっていない企業）</td><td rowspan="7">後継者は決まっていない</td><td>後継者にしたい人はいるが
本人が承諾していない</td><td rowspan="5">22.0</td><td>5.1</td><td rowspan="5">21.8</td><td>3.4</td></tr>
<tr><td>後継者にしたい人はいるが
本人がまだ若い</td><td>4.6</td><td>6</td></tr>
<tr><td>後継者の候補が複数おり
誰を選ぶかまだ決めかねている</td><td>2.7</td><td>3.5</td></tr>
<tr><td>現在後継者を探している</td><td>7.6</td><td>7.7</td></tr>
<tr><td>その他</td><td>2</td><td>1.2</td></tr>
<tr><td>廃業予定企業</td><td>自分の代で事業を
やめるつもりである</td><td colspan="2">52.6</td><td colspan="2">50.0</td></tr>
<tr><td>時期尚早企業</td><td>自分がまだ若いので
今は決める必要がない</td><td colspan="2">12.9</td><td colspan="2">15.9</td></tr>
</table>

資料：日本政策金融公庫総合研究所「中小企業の事業承継に関するインターネット調査（2019年調査）」。なお、比較のため日本政策金融公庫総合研究所「中小企業の事業承継に関するインターネット調査（2015年調査）」の結果を併記する場合は、それぞれ「2019年調査」「2015年調査」と明記する。
（注）1 ウェート付け後の集計結果。2 nはアンケート回答企業数。

深刻化する中小企業の事業承継問題

現在、中小企業経営者の多くが後継者不在に頭を悩ませています。日本政策金融公庫総合研究所が２０１９年に行った調査によると、会社の後継者の決定について「決まっている（後継者本人も承諾している）」とした企業は12・5％と1割強しかいませんでした。反面、「自分の代で事業をやめるつもりである」という廃業予定の企業は52・6％に上っています。これは２０１５年の同調査の50・0％よ

廃業の理由

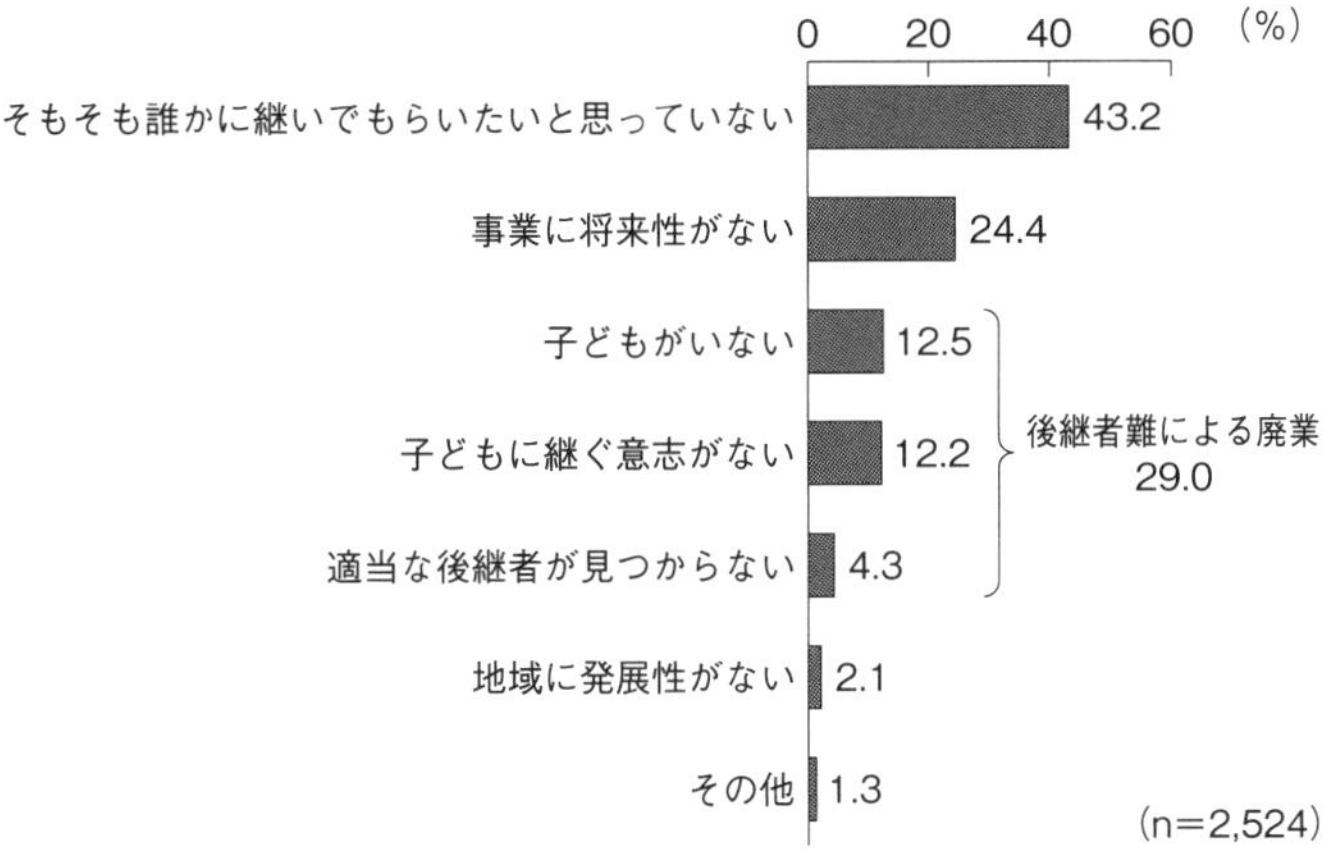

出典：日本政策金融公庫総合研究所「会社の後継者について」

りも2・6ポイント上昇しています。

　さらに、廃業予定の企業にその理由をたずねた結果では、最多回答が「そもそも誰かに継いでもらいたいと思っていない」(43・2%)、次が「事業に将来性がない」(24・4%)でしたが、「子どもがいない」「子どもに継ぐ意志がない」「適当な後継者が見つからない」の後継者不在に関連する回答を合わせると、約3割を占めています。

　また、後継者不在は、倒産の理由としても増加傾向にあります。

年別倒産件数推移（1965-2020年）

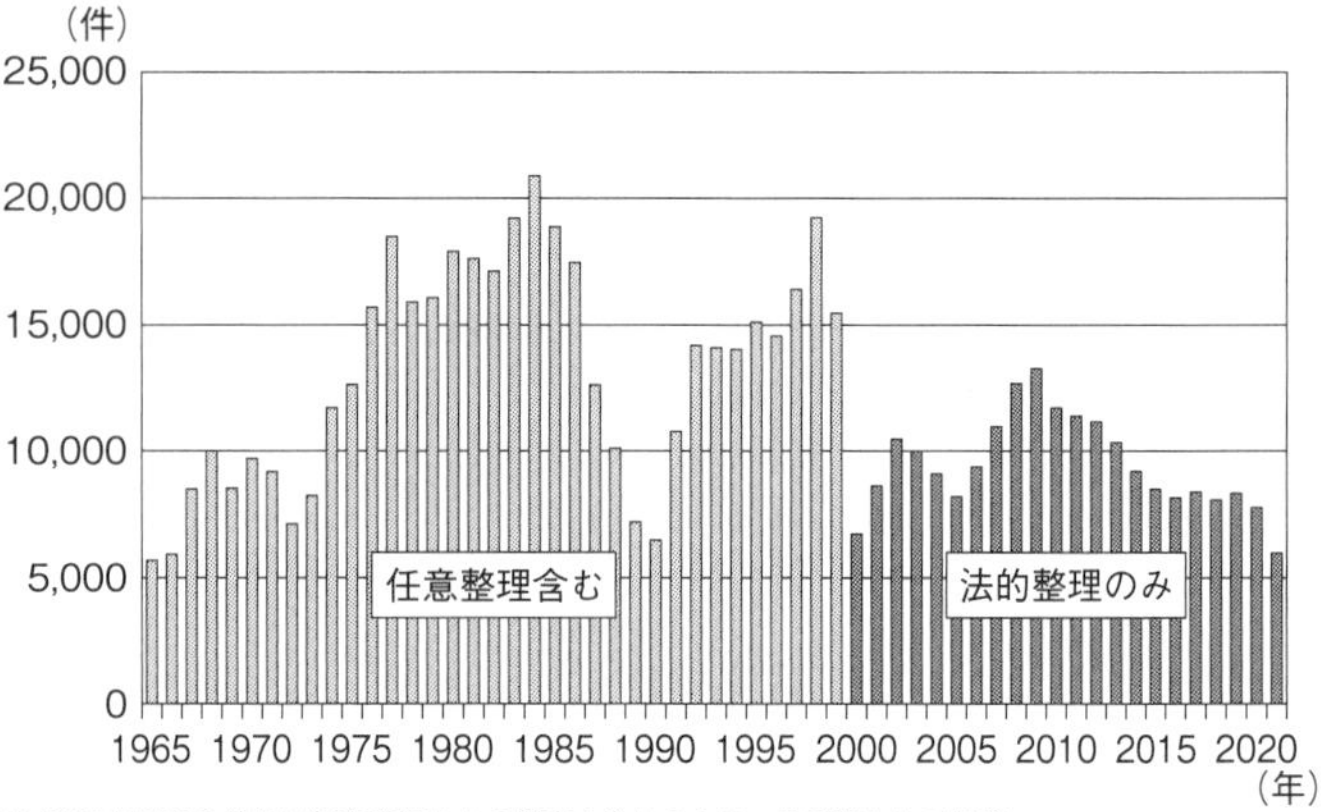

※1999年以前の件数は任意整理による倒産を含んでおり、参考値として掲載

後継者難による倒産件数推移（2015-2021年）

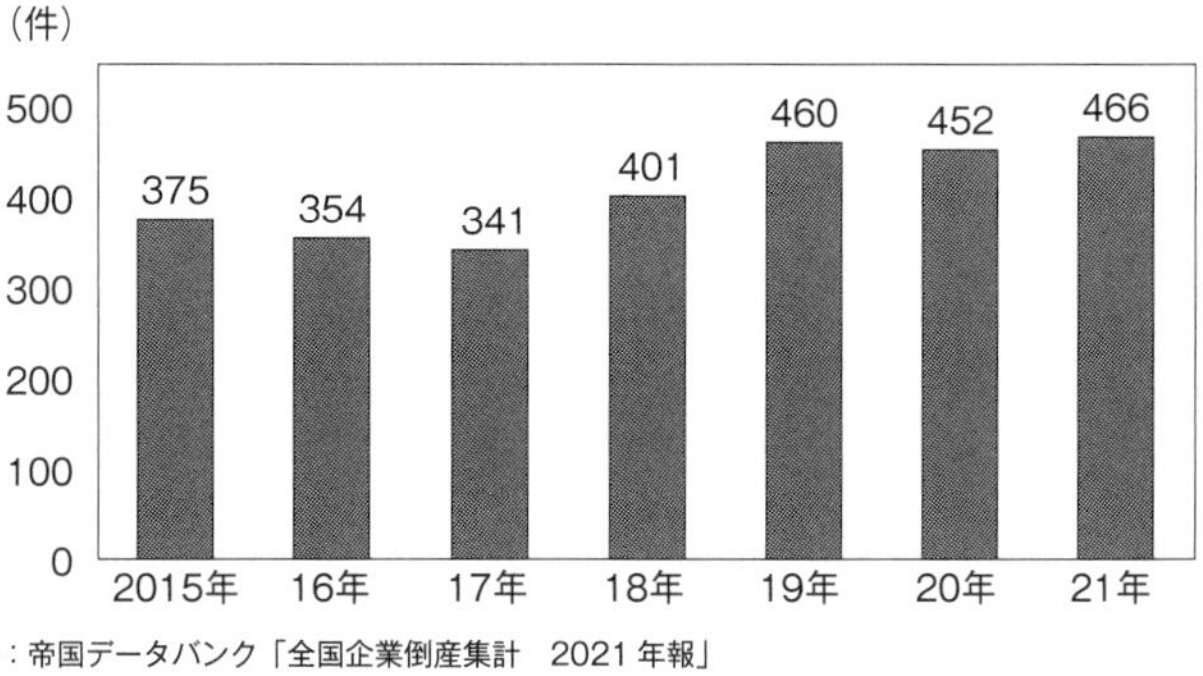

出典：帝国データバンク「全国企業倒産集計　2021 年報」

帝国データバンクが公表している「全国企業倒産集計　2021年報」によれば、2021年の全体の倒産件数は6015件で、1966年以来半世紀ぶりの歴史的低水準でした。一方、後継者難倒産に絞ると、前年比14件増の466件が発生し、調査が開始された2013年以降で最多件数となっています。後継者難倒産が全体の倒産理由に占める割合は前年から1・9ポイント増加して7・7％と急拡大しており、後継者問題が経営に及ぼすリスクが顕在化していることが見て取れます。

後継者難倒産は3年連続で450件を上回り、全体の倒産件数減少傾向とは明らかに逆の傾向を示しています。

全体からするとまだ数は少ないかもしれませんが、この傾向が今後も続くとすれば、中小企業を顧客とする会計事務所にとっても経営上のリスク要素となっていくことは確実です。少なくとも、すでに関与している企業の後継者難問題、すなわち事業承継問題に対して手をこまねいて見ていることは、会計事務所の経営上のリスクになることは間違いありません。

なぜ後継者不在企業が増えているのか

近年になって後継者不在企業が増加している原因として、少子化の影響がないとはいえません。同族企業において後継者候補となるのは経営者の子が最も多いですが、子の数自体が減っているということです。しかしそれよりも、子世代の意識の変化や、中小企業の事業環境の変化が大きな理由になっているというほうが大きいといえます。

子世代の意識変化

意識の変化とは、昔であれば「親が会社を経営しているなら、子が社長を継ぐのが当然」という家業あるいは家督相続と呼ばれていたような意識を、子世代がもたなくなっているということです。親の職業如何《いかん》にかかわらず、自分は自分のやりたい仕事をするのが当たり前だということです。それを示すデータとして、「子どもの事業承継意欲に関する調査」（日本政策金融公庫総合研究所、2021年実施）があります。

同調査では、事業を営む人の子を、①承継者（すでに承継した人）、②承継決定者（承継することが決まっている人）、③後継予備軍（承継に関心がある人）、④無関心層（承継

無関心層が親の事業を承継するつもりがない理由

事業経営に興味がないから	35.4％
必要な技術・ノウハウを身につけていないから	26.5％
自分は経営者に向いていないと思うから	26.2％
必要な免許・資格を取得していないから	19.7％
事業の先行きが不安だから	16.0％
事業経営のリスクを負いたくないから	15.3％
今の仕事を続けたいから	12.2％
収入が不安定になるから	12.2％

出典：「子どもの事業承継意欲に関する調査」（日本政策金融公庫総合研究所、2021年実施）

する意志がない人）、⑤未決定層（まだ判断をしていない人）の5つに分類しています。

この中で最も多いのは④無関心層です。これはほかの調査で示されている後継者不在という状況とも一致します。そして、無関心層が「承継するつもりがない理由」のうち、上位を占めているのは上の表のようになっています。（上位の回答のみ抽出。複数回答）

この結果を見ると、家業であっても興味がもてない、向いていないと思うならやらないと考える人が多いことが分かります。このような意識傾向は、今後強まることはあっても、弱まることはないでしょう。現代において、個人の自由な生き方が尊重されるのは当たり前だからです。親心としても、子どもに苦労は掛けたくない、好きなことをさせたいという人は多くなっています。

つまり、中小企業の後継者難、事業承継問題が急に改善される見込みはないということです。

中小企業の事業環境の変化

一方、「事業の先行きが不安だから」「事業経営のリスクを負いたくないから」といった回答は、事業そのものへの不安を示しています。会社が着実に成長を続けている状況であればこのような回答はされません。つまり、今後のビジネスの成長性に疑問符がつく会社も多いということです。そのような先行きが不透明な会社が後継者不在になることは、ある意味で必然のことです。

高度経済成長期のように国内市場全体が拡大し、きちんと経営をしていれば会社も成長していくことが当たり前だと思われていた時代には、現在のような形での後継者不在問題は顕在化していませんでした。長く続いてきたデフレ時代、今後加速する国内市場の縮小、そしてICTの発展による事業環境の激変と、事業領域の盛衰が事業を引き継ぐことのリスク面を強く意識させることになっているのです。

事業承継の本質とは？

事業の先行きに対して不安やリスクを感じるという理由で多くの子が承継を拒んでいるという事実があるのなら、その状況下では、社内承継（社員による承継）も、場合によっては第三者承継も難しくなるだろうということは容易に想像がつきます。つまり「子がいない。後継者がいない」という原因のみが、事業承継にとって本質的な問題ではないのです。

一方、自社株の評価高騰をどうするか、承継にまつわる相続税・贈与税納税資金をどうするか、債務保証をどうするか等々、よく事業承継問題・事業承継対策として取り上げられるテーマもそれぞれ重要で、考えなければならないことではありますが、これらも実は本質ではありません。

真に事業承継で考えるべき本質は、「事業をどう持続的に成長させていくのか」という点に尽きます。一言でいえば成長戦略です。

現経営者の自分がリタイアしたあとも、あるいは死んだあとも、事業を成長させていくにはどうすればいいのかと考えたとき、当然、会社を引き継ぎ、持続的成長のために適切に経営の舵取りができる後継社長がいなければなりません。では、その後継者を誰にするのかと考えたときに初めて、子がいないとか、子が継がないといったことが問題として立ち現れてくるはずです。

つまり、はじめに後継者選びありきで考えるのではなく、事業の持続的成長が目的として設定され、その手段として事業承継があると考えるべきなのです。

戦略的事業承継

まとめると、まず現経営者がいなくなったあとも、持続的成長が見込める経営体制や事業体制＝成長戦略はどうすれば築けるのかを考えます。そして、それが明確な形になっていて、誰の目から見てもその会社がしっかり成長が続けられそうなビジネスモデル、組織体制になっていると分かるようになっていれば、実際の承継の場面でも必ず、意欲的に継ぎたいと希望しそこに価値を見いだす人が現れるはずです。

それは親族かもしれませんし、従業員や取引先などのステークホルダーかもしれませんし、あるいはM&Aによる譲受けを希望する企業かもしれません。そのような人が現れたら、次はスムーズに承継をするためのさまざまな側面を考えればいいのです。このように成長戦略の一環として事業承継を考えることを、私は「戦略的事業承継」と呼んでいます。

この順序を逆に考えて、最初に事業は承継させるべきだというところから出発すると、事業承継は失敗しやすいです。例えば、成長の可能性が見込めない事業を子が家業だから、親のためだからと引き継いだ結果、あとで苦労をするといったことも起こるのです。

継ぐ者がいない不幸よりも、継がせる不幸のほうが深刻な場合があります。なぜなら継ぐ者がいないならゼロになるだけですが、成長性の低い事業を継がせてしまったら、どこまでもマイナスとなる可能性があるためです。

廃業で「成功」となった事例

これは実際に私が関与した事例になります（秘密保持のため、エリアや業態などは事実とは変えています）。

10年近く前になりますが、関西地方で数店舗のレンタルビデオショップチェーンを展開しているA社の社長から相談を受けました。当時、社長は60代中盤で、4、5年以内、70歳までには経営から退いてリタイアをしたいという話です。社長には30代前半になる1人息子がいたのですが、上場企業の大手建設会社に勤め、社内結婚をして家庭も構えており、会社は辞めないと明言していました。また、A社内にも後継社長となれそうな人物はいません。そこで会社の譲り渡しができないかという相談でした。

A社の財務諸表を確認すると、安定して毎年3000万円前後の利益が出ています。負債も少なく、財務内容の良い優良企業だと思えました。私はこの内容なら、全国展開している大手のレンタルビデオショップチェーンに話をもっていけば、必ず前向きに検討してもらえるだろうと楽観視していました。

そしてまず業界最大手チェーンに提案をもち込んだのですが、会ってくれた役員は、まったく乗り気ではないのです。不思議に思いましたが、続けて業界2番手チェーンの会社の方と会いました。ところが、そこでも同様の反応でした。

当時は現在のように多くのネット動画配信サービスはなかったものの、黎明《れいめい》期で数社が会員数を伸ばしている時期でした。もうその時点で、業界のトップクラスの企業は店舗型のレンタルビデオチェーンというのは、これから衰退していくであろうということを予測し、経営の舵を切っていたのです。

その後も複数の企業に提案して、なかには前向きに検討してくれたところもあったのですが、評価金額が低く折り合いがつきませんでした。結局、A社は譲り渡しをすることはできず、利益が出ているうちに店舗を少しずつ閉店して最終的には会社を廃業しました。

ここで考えたいのが、社長がリタイアを考えたとき、仮に息子が承継を引き受けていたらどうなっていたかということです。歴史に「もしも」はないとはいえ、承継をしていればその後大きな苦労をしたであろうことは想像に難くありません。M＆Aが成就しなかったことは失敗したようにも見えますが、結果的に見れば、A社の社長は息子に承継させずに廃業を選んで正解だったかもしれません。

このときの経験を通じて、事業承継は後継者の有無ではなく、事業そのものの成長性や将来性を出発点に考えなければならないということを、私は痛感したのでした。

事業承継における会計事務所の役割

企業の事業承継のサポートにおいて、会計事務所が果たせる役割は少なくありません。現経営者引退後も成長が見込める会社であれば、経営を引き継ぎたいという人は必ず現れます。ひるがえって、そういう会社を作ること、戦略的事業承継が実現できる会社作りのサポートをすることが、会計事務所に第一に求められる役割となるのです。

参謀として成長戦略への情報提供を行う

戦略的事業承継においては成長戦略が要となりますが、成長戦略策定に際しては、会計事務所は参謀としての役割を果たすべきです。参謀役を果たすことは高付加価値業務の不可欠の要素でもあります。

もちろん、事業そのものの仕組みを考えたり、事業成長のための意志決定をしたりすることは社長にしかできません。しかし、ゴールへ向かって事業計画を一緒に作り伴走することや、社長では気がつかないような、あるいは知り得ないようなさまざまな情報を提供し、社長の意志決定をサポートすることは会計事務所にも可能です。例えば、守秘義務の範囲内で、同業他社が行っている組織運営や人材育成の取り組みを紹介するといったことは役に立つはずです。あるいは、取引先、ビジネスパートナーを結びつけるハブの役割を果たすことも、多くの企業と中立的な立場で関係を結んでいる会計事務所ならではの役割です。

また、例に挙げたレンタルビデオショップのように、既存のビジネスモデル自体が大きな構造変化に見舞われている業界は、なかなかその将来が見通せないということもあります。電気自動車の普及により不要となった部品を製造しているメーカーなど、そういう業界はほかにもたくさんあります。今後も、例えばAR・VR、ブロックチェーンといった技術により、ビジネスの収益構造自体が変化してしまう業界は必ず出てきます。ところが、若い経営者ならともかく、事業承継が視野に入るような高齢社長の場合は、そういった動向についていけないと悩んでいることがよくあります。そこで、技術の動向や、業界に及ぼすと思われる影響などを伝えて、自社と業界の将来に目を向けてもらったり、ICTを活用したビジネスモデルの転換などをアドバイスしたりすることも、参謀としての会計事務所の重要な役割となり得ます。

一般的に会計事務所の若手職員が関与先の社長に対して参謀的なスタンスに立つことは難しい場合もあるのですが、ICTのテーマであれば、むしろそれに詳しい若年者がアドバイスをすることは社長に喜ばれるということもあります。

そのほか、当然ながら財務や資金調達などでも、成長のサポートという観点で会計事務所がアドバイスできることは少なくないはずです。

事業承継の本質を社長に理解してもらうようにする

社長は、事業承継と聞くと自分の引退というところにばかり目が行き、できればあまり考えたくないテーマだと感じて先延ばしにする傾向があります。必要であることは分かっていても、今すぐに直視するのは避けたいというわけです。

そうなると会計事務所の所長や職員のほうでは、事業承継の時期が数年先に迫っていると感じても、社長には切り出しにくいテーマだと感じてあえて触れないままにしておくということもあります。

創業時からの長い付き合いがあり、社長と所長が懇意にしているような場合であれば、一緒にゴルフなどを回りながら、世間話として、あそこの社長は息子に継がせたらしいなどと、共通の知人の話題から切り出すといったことができる場合もありますが、これは例外的な話です。特に、担当している会計事務所の所員が社長よりもずっと若いとなると、なかなか社長に切り出しにくいのが現実です。

しかし、企業が持続的に成長を続けるための話題だと考えれば、逆にワクワクするような、積極的に話したいテーマとなります。会計事務所と社長の間で、事業承継をそういう話題にできるようにすれば話がまったく変わってきます。

そのことを、まずは会計事務所がしっかり理解すること、そして社長にも理解してもらえるように伝えることも、事業承継において会計事務所が果たすべき大切な役割です。

「承継させない」選択肢もあり得る

現経営者の引退後において、持続的な成長が見込めない会社もあります。先に例として挙げたレンタルビデオショップのように、ほかの強力なビジネスモデルの普及により、ビジネスモデル自体が寿命を迎えつつある業種の場合です。また、社長の技術や能力への依存度が極めて高い、属人性が高い企業などもこれに当てはまります。

そのように、客観的に見て持続的な成長が望めないのであれば、事業承継はせずに、廃業する道をアドバイスすることが必要な場合もあります。そして、その場合、経営者を含めて、各ステークホルダーが納得でき、トラブルが生じないような準備とプロセスのアドバイスをすることが会計事務所には求められます。

親族内承継、社内承継、第三者承継のそれぞれで、会計事務所が果たす役割

成長戦略がうまく描けて、戦略的事業承継の目星がついたら、次は具体的な承継相手を決めます。

親族内承継において会計事務所が果たす役割

事業承継における具体的な承継先は、親族内承継（子など）、社内承継（役員、従業員など）、そして第三者承継（M＆Aなど）に大別されます。

親族内承継（ここでは「子」とします）の場合、まず、子がいるかどうか、次に子本人に承継の意志があるかないか、そして最後に、本人に経営者としての資質・能力があるかという3点が問われます。この3点がそろって初めて後継者候補になるわけですが、その条件を満たす子の数は年々減っています。

もし条件を満たす子が承継する場合、税務的には自社株の贈与、譲渡、または相続が問題となります。経営権を集中させつつ、移転に伴う課税はなるべく圧縮したいので、事業

承継税制などのアドバイスは会計事務所の出番となるところです。

社内承継の場合

次に社内承継の場合ですが、社内に幹部層、あるいはマネージャーなどの管理職として長く働いた人がおり、そのなかに経営に対して意欲をもっている人がいるケースがあります。ただ、問題になるのが株式の譲渡対価です。成長戦略がしっかり描けるような優良企業であればあるほど株価は高騰するため、後継候補者は多額の買取り資金を用意しなければなりません。仮に経営者が、引き継いでもらうことを目的として無償か、相手が払える範囲の低額で譲り渡そうと考えても、今度は低廉譲渡として、後継者に贈与税が課税される可能性が高まります。

社内承継でもう一つネックとなるのが、会社の借金に対する保証債務の問題です。中小企業では多くの場合、会社が借入をする際には代表者個人が連帯保証をします。個人保証の問題は国を挙げて取り組んでいるところではありますが、一般的に後継者も、その連帯保証の引継ぎを金融機関から求められます。連帯保証は自分が借りたことと同じ意味をもちますので、ある日突然数千万円、数億円という借金を背負うこととなります。この保証債務問題も社内承継実現の大きなネックになります。

こういった株式移転対策、債務保証対策などにおいて、会計事務所は税務顧問としての役割を果たすべきです。

M&Aは、戦略的事業承継の有力なツールの一つ

第三者承継とM&A

第三者承継とは、親族でも社内でもない人や企業が経営を引き継ぐことです。また M&Aとは、会社の持分（株式）や事業の権利を売買したり、会社を合併（組織統合）したりすることを指します。第三者承継はM&Aによって行われることが大半であるために第三者承継＝M&Aと理解されていますが、第三者承継という用語は、もともと親族内承継や社内承継との対比において使われる用語です。事業承継の承継者がどんな人かに着目する場合の言葉ということになります。

一方、M&Aは会社や事業を他者に譲り渡すこと一般を含意する言葉であり、事業承継して引退するわけではなく、現経営者が事業を継続する形でのM&Aや、後継者に経営を

承継しつつ同時にM＆Aも実施するといった形態もありますし、第三者が会社を劇的に成長させてくれることもあるでしょう。

一般的に第三者承継は、親族内承継も社内承継も候補者がおらず、めどが立たない場合に消去法で選択する方法だと思われがちです。しかし、その理解は正しくありません。成長戦略としてM＆Aを選び、そのうえで自分が経営者を続ける、あるいは、将来的に子に承継をさせるといった選択肢もあるためです。つまりM＆Aは、戦略的事業承継のなかでもさまざまな方法で利用が可能な有力ツールの一つだということです。

ただし現在は、後継者不在が大きな社会課題になっているため、その解決手段としての第三者承継に注目が集まっており、中小企業のM＆A＝事業承継というイメージが強くなっています。実際に、実施されているM＆Aの多くは事業承継を主な目的としているのも確かです。

M＆Aの理由や目的による分類

なお、M＆Aはその実施理由や目的により、主に次の三つに大別できます。

（1）事業承継型M&A

経営者のリタイアにあたって、会社や事業の存続を主目的とするM&Aです。第三者に経営を委ねることを意味し、当該企業は譲り渡し側となります。社長にとっては、事業が残せる、従業員の雇用を守れるということのほかに、譲渡に対する対価が得られる、連帯保証が外れるというメリットなどがあります。

（2）業界再編型M&A

同一業界内での企業グループが拡大していくためのM&Aです。家電業界、ドラッグストア業界、調剤薬局業界、スーパーマーケット業界など多くの業界で見られます。大手グループの傘下に入る、譲り渡し側としてのM&Aのほかに、譲受け側となり企業グループを築いていく場合にも用いられます。

（3）成長戦略型M&A

経営資源の相互補完やシナジーなどにより事業規模拡大や成長率上昇を目指したい場合に用いられる方法です。M&Aの本質ではあり、最近では中小企業が大企業のグループ傘下にあえて入ることで成長速度を速めるといったケースが増えています。逆に、他社を譲り受けることで人材、店舗、技術、そのほかの経営資源や顧客基盤を短期間で獲得するための、譲受け側としての成長戦略型M&Aも当然あります。

M&Aの歴史

「レコフM&Aデータベース」によると日本国内で把握されているM&A件数は、1985年時点では年間約260件でしたが、2021年には年間約4300件にまで増え、約35年で16倍以上となっています。なお、M&Aの実施に公的機関への届出などは不要であるため、把握されていないM&Aも多数あると思われますが、増加傾向は十分に分かります。

1980年代以降、右肩上がりで推移してきたM&A実施件数は、リーマンショックの2008年からしばらく減少します。しかし、アベノミクス開始の2012年以降再び上昇基調に転じ、2020年はコロナの影響で減少していますが、2021年には過去最高件数を記録しました。このように、長期的に拡大しているM&Aマーケットですが、その中身は、時代によって変わってきています。

M＆Aの流れを知る

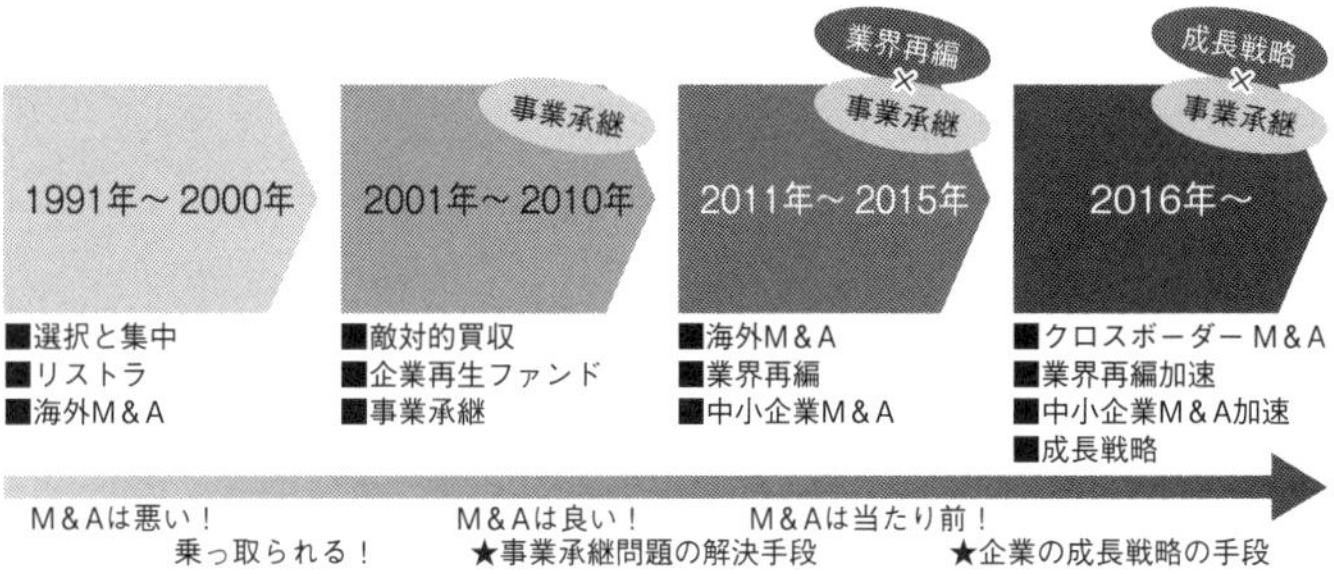

著者作成

大きな流れで見ると、１９９０年代までは、Ｍ＆Ａは上場企業や非上場でも巨大企業だけのものであり、一般的な中小企業にはほとんど無縁のもので、ごく一部で行われているものでした。２０００年代に入ると、少しずつ事業承継目的のＭ＆Ａも増加し始めますが、１９９０年代末期から日本国内で活動を始めるようになったバイアウトファンドによる敵対的買収などが盛んに報道されたこともあり、Ｍ＆Ａに対して悪いイメージをもつ人も多い時代でした。

さらに、リーマンショックとその後の不況、そして２０１２年からのアベノミクスの頃、中小企業を巻き込んでさまざまな業種で業界再編型Ｍ＆Ａが増加します。そして２０１０年代の後半からは、世界的なスタートアップブームなどもあり、成長戦略型のＭ＆Ａが増加します。起業とＭ＆Ａによるイグジットを繰り返す、シリアルアントレプレナー（連続起業家）といった概念が広まったのもこの時期からです。その後、中小企業庁が『事業引継ぎガイドライン』を策定して、中小企業の事業承継の一つとして第三者承継（M＆A）を提示するようになったのが2015年です。以降もM＆A仲介会社が増えたこともあり、中小企業の事業承継型M＆Aが急増します。2020年には『事業引継ぎガイドライン』を改定した『中小M＆Aガイドライン』が策定され、後継者難の中小企業への積極的なM＆Aの活用が推奨されています。

そして、さらに少子化と経営者の高齢化は加速し、中小企業の後継者不在が顕在化――2025年問題が取りざたされ、いよいよこれから事業承継問題は本番となります。今後、M＆A件数は右肩上がりに増えていくのは間違いありません。

中小企業のM＆Aを支援するプレイヤー

現在は日本のM＆Aの歴史上でも取引が最も活発な時代です。その中心を形成しているのは中小企業の事業承継型M＆Aです。このM＆Aブームとも呼べる状況は、M＆A取引をサポートする多くの事業者が作り出している側面もあります。

親族内承継や社内承継であれば、特に外部の事業者からサポートを受けなくても社内だけで実施することはできます。もちろん事業承継のアドバイスをしてくれる事業者のサポートを受けたほうがスムーズで失敗のない承継ができる可能性が高まるのですが、必須というわけではありません。

それに対してM&Aは、中小企業が自分たちで実施することは非常に困難です。まず、適切な相手を探すことが一苦労です。さらに譲渡価額の算定、買収監査への対応、契約条件の精査、契約書の作成など、多種多様な専門知識が必要になります。しかも、単にそれらを知識として知っているというだけでなく、あとあとトラブルになりかねない隠れた瑕《か》疵《し》を見つけ出すなど、M&A後にうまくやっていくためのコツのようなものは、多くのM&Aの経験を積んでいなければ分からないものです。そのため、仮に顧問弁護士に相談しながら進めるとしても、やはりM&A経験が豊富な弁護士でなければ心配です。

最近では、中小企業が自分で譲渡ニーズや譲受けニーズを登録して、探索やマッチングができるプラットフォームも増えています。しかし、それらの多くは個人で経営している店舗など、比較的小規模な案件が大半です。ある程度の規模、売上高の企業の社長であれば、やはり経験が豊富な仲介業者のサポートを受けたいと考えますし、実際そのほうが安心です。

そしてそのようなニーズが増えているということは、サポートサービスを提供する立場の事業者からすれば、大きなビジネスチャンスでもあります。そこで、事業承継が近いと思われる年齢の社長には、種々の事業者がM&Aの提案をしたり、営業を掛けてきたりしています。

まず銀行や信用金庫、証券会社や保険会社などの金融機関は、収益源の多様化の一環としてM&A業務を手掛けており、専門の部署を設けているところもあります。すでに会社との取引があれば社長へのアプローチもしやすいため、折に触れて承継の話題をもち掛けています。また、少し立場は違いますが、M&A仲介会社もさまざまな方法でアプローチしています。

第三者承継のニーズをもっていた企業であれば、これらの事業者の提案を受けてそれに沿ってM&Aに取り組んでいくことも当然あります。内心では承継者の不在に焦りを感じ始めていた社長が、提案を受けることで背中を押されることがあります。あるいは、事業承継をまったく考えていなかった社長でも、事業者の提案によって業界再編や成長戦略の一環としてのM&Aがあるということを知って、経営戦略上の選択肢としてM&Aを選ぶこともあります。

いずれにしても、会計事務所は相談をされないまま、ある日突然、社長からM&Aをすることにしたと打ち明けられ、知らないうちに顧問先がM&Aをしていた、ということがあるのです。

社長は実は会計事務所にM&Aを相談したい？

M&Aにおいて、会計事務所に相談のないまま進められる理由の一つは、情報漏洩《ろうえい》防止が図られていることです。M&Aを進めているという情報が社内や取引先に知られると混乱が生じることがあるため、M&Aは当事者である経営者同士以外には秘密にして進められることが一般的です。そのため、銀行などがM&Aを提案して社長がそれを進める場合、会計事務所に伝えずに進んでいくことが多くあります。

さらにもう一つの理由に、会計事務所が月次の税務顧問業務にしか取り組んでいない場合には、社長が会計事務所を「事業承継やM&Aについて相談する相手」として認識していないということもあります。

社長の主な悩みは資金、人、事業の将来の三つです。資金の悩みは会計事務所に相談し

中小企業経営者の経営相談に関する意識調査

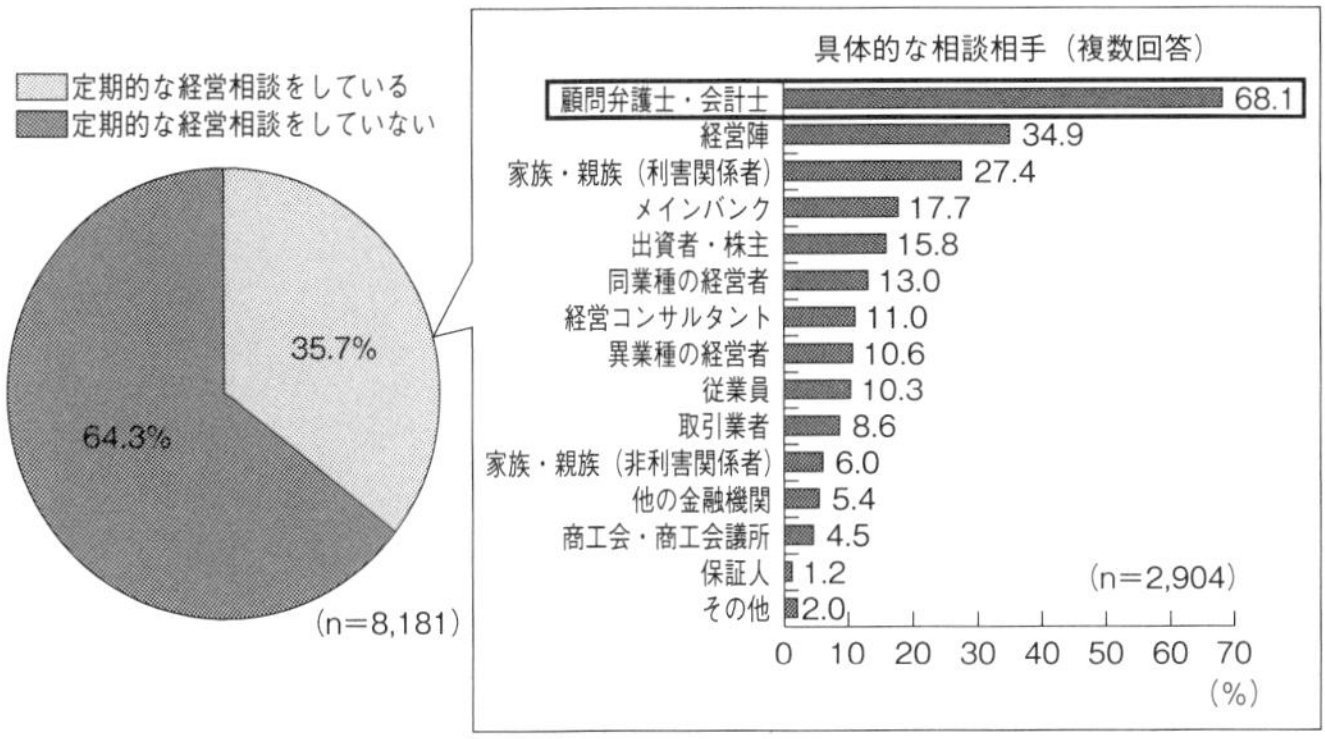

出典：中小企業庁「2012年版中小企業白書」
資料：（株）野村総合研究所「中小企業の経営者の事業判断に関する実態調査」

ても、人や事業の将来については、そもそも相談しようという発想に至らないということです。そのために、事が決まったあとでの事後報告となってしまうのです。

だからこそ、会計事務所はハンバーガー戦略を意識して、参謀役を目指さなければなりません。実は社長のほうには、会計事務所に経営の全般を相談したいという潜在ニーズはあるのです。

しかしそのニーズに対して、多くの会計事務所が参謀としての役割を果たすことができていないのが現状です。実は存在する社長のニーズに応えていないということでもあります。

そのために、M&Aの提案という高付加価値業務の機会をみすみす銀行などほかの事業者に奪われてしまっています。これはとてももったいないことです。

会計事務所がM&A業務に取り組めば、関与先企業の社長が喜ぶ

多くの事業者が社長にM&Aを提案している現状を踏まえたうえで、会計事務所もM&Aのサポートをすることは、なんとなく気が引けると感じる所長もいます。いわば、それらの事業者と同じ土俵に立って営業競争に参加することは、専門士業者としてどうなのか、よく分からない、詳しくない分野については触れたくないし、さらには社長に失礼なのではないかという懸念です。そういった懸念を感じること自体はもっともですが、実際にはむしろ逆です。

まず、会計事務所が戦略的事業承継のサポートやアドバイスをすることは企業の持続的成長に資することですから、当然、企業や社長にとってはメリットがあることです。そうであるなら、M&Aを戦略的事業承継のための一つのツールとして提案するという選択肢もあり得ることです。さらにM&Aにおいては、ほかの事業者にはできない会計事務所だからこそ果たせる役割が多々あります。そのため、会計事務所がM&Aに関与してサポー

トをすることは社長にとって非常にメリットが大きく、基本的には喜ばれることなのです。

会社の内情をよく知っている

社長にとって、会計事務所がM＆Aを提案するほかの事業者と異なるのは、会社の実情を最もよく理解しているという点です。会社が融資を受けていれば、決算申告書は銀行に提出していますし、銀行もある程度は会社の業績、財務について理解しています。しかし、すでに参謀としての役割を果たしている会計事務所なら、決算申告書を作成するにあたっての資料も含めた内情を深く理解していますし、事業の将来性、社内組織の状況や人間関係なども把握しているため、より適切なM＆Aの適否の判断やスキーム（取引の形）の構築が可能です。より社長の希望を満たせるM＆Aを実現できる可能性が高くなるのです。

税務面での総合的、かつ適切なアドバイスが受けられる

M＆Aでは、株式譲渡だけではなく、事業譲渡、会社分割や合併などさまざまなスキームが考えられます。そしてそれぞれのスキームにおいて、税務上の処理が異なり、それぞれに得失があります。

社長が保有する株式を売却するのであれば、個人に対しての譲渡所得課税も生じますし、中小企業の事業承継は将来の相続とも密接不可分に結びついているため、将来の相続との絡みも視野に入れておく必要があります。

もちろん、あくまでM&Aは戦略的事業承継のツールであり、会社の成長ということを第一義に考えるべきで、課税対策は二義的な問題です。とはいえ、必ず考えなければならない問題であることも事実です。そこで、M&Aのスキームにおいて法人と個人を総合的に見渡して、個人資産も含めた課税上の得失を教えてもらったり、また採り得る節税対策を提案してもらったりすれば、社長にとっては非常にうれしいこととなります。

例えば、実質的な譲渡対価を税率の低い退職金として支払うという方法です。ただし、過大退職金は損金算入が税務当局から否認されます。では、いくらを株式の譲渡対価（譲渡所得）として、いくらを退職所得とすれば、最も社長の手元に残るお金が多くなるのかといった詳細なシミュレーションは、会計事務所が得意とするところです。

M&Aと併せて、そのような総合的な税務対策を提案できれば、まさに会計事務所の本領が発揮できます。

セカンドオピニオンの役割も

社外の関係者として、会社の内情を最もよく把握しているのは会計事務所です。そのため、銀行などの事業者がM＆Aを主導している場合でも、会計事務所がそのM＆Aについてのセカンドオピニオンを出す役割を果たすこともあり得ます。M＆Aにおけるセカンドオピニオンの重要性については、経産省の「中小M＆Aガイドライン」においても強調されています。会計事務所がM＆Aの主導をしないとしても、セカンドオピニオンを出す立場で関与することは社長にとってもプラスとなるはずです。

もちろん、M＆Aそのものだけでなく、税務上の得失や節税対策部分でのセカンドオピニオンの提示もあり得ます。

デューデリジェンスのサポートもできる

デューデリジェンス（買収監査：略して「DD」）とは、M＆Aのプロセスにおいて譲受け企業が譲渡企業に対して実施する、事業（ビジネス）、財務、法務などの詳細な実態調査のことです。デューデリジェンスはそれを専門に行う会計事務所や法律事務所がありますので、関与先企業が譲り受ける側となった場合は専門の事務所に任せることになるのが普通です。一方、関与先が譲り渡す側となった場合は、譲り受ける側のデューデリジェンス担当者の求めに応じて、各種資料を用意して提出することが求められます。中小企業では、社内でしっかり資料の保存、管理をしていないことも多く、財務資料の用意や提出にとまどうこともあります。そういった面でサポートをすることも、会計事務所ならではの役割となります。

このように、会計事務所がM&Aに積極的に関与することは社長にとっての利益も大きいことから、むしろ歓迎する社長が多いというのが実態です。

会計事務所の具体的なM&Aプロセスへの関わり方

M&Aのプロセスは大きく「ソーシング」（M&Aのニーズを見つける）、「マッチング」（M&Aの相手を探し、引き合わせる）、「ネゴシエーション〜クロージング」（買収監査を経て最終契約を結ぶ）の3ステップに分かれます。

会計事務所がM&A業務に取り組むといっても、必ずしもこのM&Aプロセスのすべてを会計事務所が取り仕切ってコントロールするわけではありません。それができる会計事務所はおそらく日本国内で数えるほどしかないでしょう。ほとんどの場合は一部を会計事務所が関与して、事務所で引き受けられない部分についてはハブとなってM＆A仲介会社などに任せることになります。ちなみに、これは金融機関などの場合も同様で、支店では（小さいところなら本社も）M＆Aの実務をM＆A仲介会社などに依頼するのが一般的です。具体的には以下のような区分になります。

①仲介業務をすべて取り持つ

ソーシングからクロージングまでのすべてを会計事務所内で実施するということです。まず、関与先の社長にM＆Aニーズ（譲渡ニーズ）があると分かったら、譲り受ける側となる相手企業の候補を探します。候補の中から譲り渡す側が承諾できる相手がいれば、譲渡価額など双方の希望条件をすり合わせて基本合意に導きます。その後、デューデリジェンスの実施を経て、最終契約書を作成して（場合によっては弁護士に作成を依頼して）、双方の署名捺印《なついん》を経てM＆Aを成立させます。仲介の場合、譲り渡す側と譲り受ける側の両方の要望をうまくすり合わせて、落とし所を見つけることがポイントになります。

この場合、会計事務所の収益は譲り渡す側、譲り受ける側双方からの手数料となります。

②FAとして譲り渡す側または譲り受ける側にアドバイスをする

ＦＡ（ファイナンシャルアドバイザー）とはM&Aの譲り渡す側、または譲り受ける側のどちらか一方の立場から依頼され、その依頼者の利益を最大化するためにアドバイスをする専門家です。依頼者の利益の最大化を図るために働くので、仲介業務よりはシンプルです。ただし、相手企業を見つけてこなければならないのは仲介業務と同様です。また、デューデリジェンスや契約書作成などの実務を担わなければならない点は①と同様です。

この場合、会計事務所の収益は依頼された側からの手数料となります。

③M&A仲介会社へ紹介し協業しながら社長をサポートする

主にソーシングの部分ではM&A仲介会社と会計事務所が協力しながら進めます。その後は、M&Aニーズのある社長にM&A仲介会社を紹介して、マッチングやネゴシエーション、クロージングの部分の実務はM&A仲介会社に任せるというのがこのパターンです。

ただし、マッチング〜クロージングの段階においても、例えば、譲渡価額算定の適正性へのセカンドオピニオンの実施や、デューデリジェンスの補助など、M＆Aの各プロセスにおいて社長にアドバイスを実施し、サポートし、社長にとって利益が大きいM＆Aの実現のために働きます。

この場合、会計事務所の収益は成約した場合のM＆A仲介会社からの紹介料・業務報酬や依頼された社長からの実務に対する報酬となります。

④M＆A仲介会社へ紹介をするのみ

M＆A仲介会社を紹介するのは③と同じですが、その後のことに会計事務所は一切関与しないというパターンです。

①または②の場合、難しいポイントは適切なM＆A相手の候補を探してくること、つまりマッチングプロセスです。相手の探索をゼロから会計事務所が行うことはかなりハードルが高いと思われます。

したがって、①や②の方法を採れるのは、会計事務所の顧問先のなかに、あるいはそこからの紹介などにより、すでに相手先のめどがついている場合となるのが一般的です。例えば、たまたま同じ地域、同じ業界で事業を展開している別の会社を関与先として抱えており、そこからあらかじめ譲り受けたい意思があることを聞いていた場合に、たまたまM&Aの話が浮上したので両社をマッチングさせるといったケースです。これは実際には難しいもので、かなり多くの関与先を抱えていなければまずできません。地域金融機関や付き合いのある会計事務所からの紹介といったものを含めて、マッチングを成立させる母数には限界があります。

実際には、会計事務所が取り組むM&A業務として多いのは③や④の、M&A仲介会社を絡めながら進めるというパターンです。

M&A業務が会計事務所の成長戦略になる理由①高付加価値業務になる

会計事務所が戦略的事業承継やM&A業務に積極的に取り組むことは、関与先の社長にとってプラスになります。それだけではなく、その取り組みは会計事務所自身にとっても事務所を成長させる契機となり得るものです。

まず、M＆A業務自体が高付加価値業務になるという点が挙げられます。セカンドオピニオンでの企業価値算定やデューデリジェンス補助、そのほかのコンサルティング業務などを実施した場合は報酬が発生します。

例えばデューデリジェンス補助などをした場合、月次の顧問報酬の中に含まれるサービスとして請け負ってしまう事務所があるのですが、よほど特殊なケースを除ききちんと報酬を請求すべきです。

M＆Aを紹介した場合の報酬はどれくらいなのか

M＆A仲介会社などへの紹介をする場合、M＆A仲介会社が受け取った報酬のうちの一定割合が会計事務所に支払われることが一般的です。M＆A仲介会社が受け取る報酬は、会社によってさまざまな報酬体系が設定されており一概にはいえません。よくあるのは、M＆Aの譲渡価額あるいは譲渡企業の資産価額などを基準にして、その多寡に応じて料率が変わるレーマン方式と呼ばれる料率表を適用して報酬を算出する方式です。また、成約の如何にかかわらず受け取る着手金を設定しているM＆A仲介会社もあります。

仮に10億円の譲渡価額で、それに対して5％という報酬料率が設定されているとすれば、

M&A仲介会社が受け取る報酬は5000万円です。そこから会計事務所に支払われる料率も仲介会社によってさまざまで、また紹介するのが譲り渡す側なのか譲り受ける側なのかによっても異なりますが、一般的には10〜30%程度です。10%なら500万円、30%なら1500万円が会計事務所に支払われる紹介料ということになります。また、着手金を設定しているM&A仲介会社なら、着手金（100万〜200万円程度）に対しても同率の報酬が支払われる場合があります。

この金額は一見、多額にも見えますが、月額の顧問報酬のように定期的に入るものではなく、あくまでスポット的なものであるという点には注意しなければなりません。当然ながら、いくら尽力をしたとしてもM&A交渉が頓挫して契約に至らなければ成功報酬はありません。

M&A成約後にもさまざまな形で関与できる

関与先が譲り渡す側であった場合、M&Aが成約したのち、社長には多額の譲渡対価が支払われます。会計事務所が社長個人の確定申告も担当している場合は、その譲渡対価への課税に対する節税対策や、さらには将来の相続税対策なども含めてM&A成約後の社長個人の税務への関与もできます。資産運用や保険活用などが得意な事務所であれば、そういった面も関連させながら収益機会を増やすことができるわけです。

会計事務所がM＆Aに取り組むことで、成約後の資産への課税対策や相続税対策などを最初から視野に入れた一体的なM＆A提案もしやすくなり、また社長としても受け入れやすくなります。

M＆A業務が会計事務所の成長戦略になる理由②人材が育つ

M＆A業務への取り組みが会計事務所を成長させる理由の二つ目は、人材育成を促進させる点です。会計事務所が高付加価値業務に取り組むにあたっては、職員の質を高める必要があります。勉強会などを定期的に実施して、社長の話をキャッチし対応できるような能力を職員に身につけさせることは必要です。しかし、そのような座学だけでは、社長とのやり取りのなかで当意即妙に対応できる応用力はなかなか育ちません。勉強会はやらないよりはやったほうがよいのですが、さらにOJT的な現場経験を積ませることも必要です。M＆A業務はその経験が身につきます。

M&A仲介会社と組んで動く場合、同行訪問を行います。まず、担当職員がなにかM&Aにつながりそうな社長の課題をキャッチしたとき、次回の月次監査の際などに、M&A仲介会社の担当者と担当職員が同行するのです。もちろん、そこでいきなりM&Aを押し付けるようなM&A仲介会社は避けるべきですが、まず社長がどんな課題や悩みを抱えているのかヒアリングを行い、例えば、売上が減少気味だとか、マネージャーが育たないとか、あるいはその業界で生じている変化だとか、そういう経営上の課題を引き出します。

通常M&A仲介会社の担当者は、そういう社長の悩みや課題を聞き出して解決策を提示することを専門業務にしているプロですから、経営や業界の事情などに詳しく、社長も喜んでいろいろな話をしてくれて、話が盛り上がることが多いものです。

会計事務所の職員はそういう場に参加して、その話を見聞きしているだけで、社長が抱えている課題を把握したり、業界で起きている問題に理解を深めたり、課題に対してのアプローチの仕方などを知ったりして、どんどん吸収して勝手に学んでいくのです。

その後、実際にM&Aをしようという話になれば、そのための話し合いにも同席していくことで、M&Aのサポートをするという立場でさらに多くの知見を学べるようになります。

M＆A業務は総合格闘技のようなものだといわれます。事業戦略、組織運営、マーケティング、人材管理、生産管理、財務、税務、法務、業界動向、さらにはマクロ経済動向など、経営に必要なあらゆる知識を駆使しなければ、譲り渡す側と譲り受ける側の双方にとっての本当にベストなM＆Aは実現できないからです。

もちろん、職員がM＆A業務を経験しても、それらにすぐ精通できるというわけではありませんが、少なくとも記帳業務や入力業務からは得ることのできない、学びを得られることは間違いありません。

M＆A業務が会計事務所の成長戦略になる理由③関与先を増やせる

M＆A業務に取り組んだことにより新規の関与先を開拓し、増やしている会計事務所は数多くあります。

M＆A業務に本格的に取り組むためには、セミナーや説明会を開催するようにします。セミナーは、例えば2部構成にして、1部は所長が得意な最新の税務や業界動向などについて話し、2部ではそれに関連するような形でM&Aの話をします。DMやネット広告などを見て会場を訪れた社長の会社にも税務顧問の会計事務所はついているわけですが、セミナーに足を運ぶ社長の多くは、税理士からそういった詳しい話を聞いたことがない、またはM&Aについて興味があるのに相談できていないといった状況にあります。自社の税理士が社長に対してそういう情報を十分に提供しているのであれば、そもそも社長はセミナーには参加してこないからです。セミナーに参加して情報を求めるということは、顧問税理士からは十分な情報が得られていないと感じていることの裏返しにほかなりません。

そこで、セミナーで有益な情報をしっかり伝えれば、自社の税理士よりも詳しく相談できる相手だと印象付けることになり、ひいては顧問契約の乗り換えに至ることもあります。M&A業務にはつながらなかったとしても、新規の関与先が増えれば大きな利益であることには違いありません。

新興企業は別として、すでに税務顧問がついている既存の企業に対して顧問を乗り換えさせる営業活動をするのはなかなかやりにくいものですし、労力に見合った効果はあまり期待できません。しかし、M&A業務を行い、その情報提供をフックとして社長のニーズに応えることで、自然な形で新規契約を増やすことが可能になります。

「関与先がM＆Aで会社を売ったら、顧問契約が減る」は半分正しく、半分誤解

私が会計事務所の所長にM＆A業務への取り組みを進めるとき、必ずといっていいほど聞かれる質問が、「M＆A業務で紹介料はもらえるかもしれないが、関与先の会社がM＆Aで譲渡してしまったら顧問契約が減り、長い目で見れば損をすることになるのではないか」というものです。M＆Aにより会社が譲渡された場合、譲り受けた側の企業にはすでに顧問の会計事務所がついていますから、その事務所が譲り受けた会社の税務も見ることになると考え、このような疑問を抱くのはもっともなことです。そして実際に、そうなることも少なくありません。

ただし、実際には必ずしも関与先がなくなるとは限らず、そうならない場合も多いのです。

一つには、やはりそれまで顧問をしていた会計事務所のほうが会社の中身をよく知っているし、経理担当者もやりやすいだろうから、M＆A後も顧問を続けてほしいと譲り受けた側の企業から依頼されるケースです。法人が合併する場合は別ですが、資本提携をして

同一グループにはなっても別法人として経営を続けていく場合には、こういうケースもよくあります。また、ほかにも、いずれは自社の会計事務所に顧問をさせるが、業務統合を進めるまでの2、3年の間は顧問を続けてほしいと、期間限定で依頼されることもあります。

ただし、譲り受けた側が上場企業の場合は連結決算があり、四半期決算を出さなければならない関係上、会計事務所のほうで対応できなくなるということが多いようです。

誠実に業務に取り組んでいれば逆指名されることも珍しくない

さらに意外とあるのが、譲り受けた側の企業が、それまでの自社の顧問会計事務所から、譲渡企業が契約する会計事務所へと乗り換えるケースです。どうしてそんな逆指名が生じるのかというと、M&Aのプロセスにおいて、その業務に取り組む会計事務所の仕事ぶりが観察されているためです。M&Aのプロセスでは、譲り渡す側と譲り受ける側は経営の細部にわたって互いに緻密に情報交換をしながら、相手の素性や将来性を深く理解していきます。M&Aが個人の結婚にもたとえられるのはこのためです。そこで、譲り渡す側の会計事務所がM&Aの支援業務をしていれば、譲り受ける側はその仕事ぶりについてもよく知るところとなります。

M＆A支援業務は総合格闘技とも呼べるような、広範な知見を必要とする業務ですが、それを誠実、かつ確実に遂行していれば、譲り受ける側の社長は相手の会計事務所のレベルの高さを認め、その誠実さに必ず気づきます。そして、現在自社で顧問を依頼している会計事務所と比べてみて、より優れていると判断すれば、いい機会だからということで乗り換え、新たに顧問契約を依頼してくれるというわけです。

もちろん、単にM＆A仲介会社に紹介をするだけで、自分ではまったく支援に動いていなければ、そんな話にはなりません。あくまで、会計事務所が積極的にM＆A支援業務に携わり、かつ、譲り渡す側の社長のことを考えその利益になる仕事を誠実にこなしている場合に限られます。そういう仕事をしていれば、M＆Aを機に新たな顧問契約を得ることもあり得るのです。

もし、どうせM＆Aで消滅する関与先なのだから、もうどうでもいいといった気持ちでなにもしなければ、当然、乗り換えといった話には結びつきません。要は、関与先のために働くという会計事務所の本分を忘れずに、誠実な仕事をしているかどうかが見られているということです。

なにもしなければ、どちらにしても廃業ということも

「関与先がM&Aで会社を譲渡したら顧問契約が減る」という疑念に関しては、もう一つ、「M&Aをせずに休廃業が選ばれればどのみち契約は消滅する」ということもあります。そうであるなら、士業の本分としても、また事務所の実力を上げ新しい契約先を引き付けるという意味でも、社長の希望に向き合い、しっかりとM&Aに取り組むことのほうが、ずっと実りある仕事になるはずです。

第4章

大切なのは「準備」「実行」「アフターフォロー」

知っておくべきM&A支援業務のステップ

M&Aの大きな流れと、会計事務所の役割

会計事務所のM&A業務への関わり方には大きく分けて以下の4つの類型があります。

①仲介業務をすべて取り持つ
②FAとして譲渡企業または譲受け企業にアドバイスをする
③M&A仲介業者へ紹介して協業しながら社長をサポートする
④M&A仲介業者へ紹介をするのみ

このうち、一般的な会計事務所で取り組みやすいのは「③M&A仲介業者へ紹介して協業しながら社長をサポートする」で、以下はそれを前提とします。

会計事務所がM&A仲介会社と協業するということを前提にした場合、マッチング以降の実務の主体はM&A仲介会社になります。つまり、会計事務所が重要な役割を果たすのは、ソーシングの部分です。

M&Aの基本的なフォロー

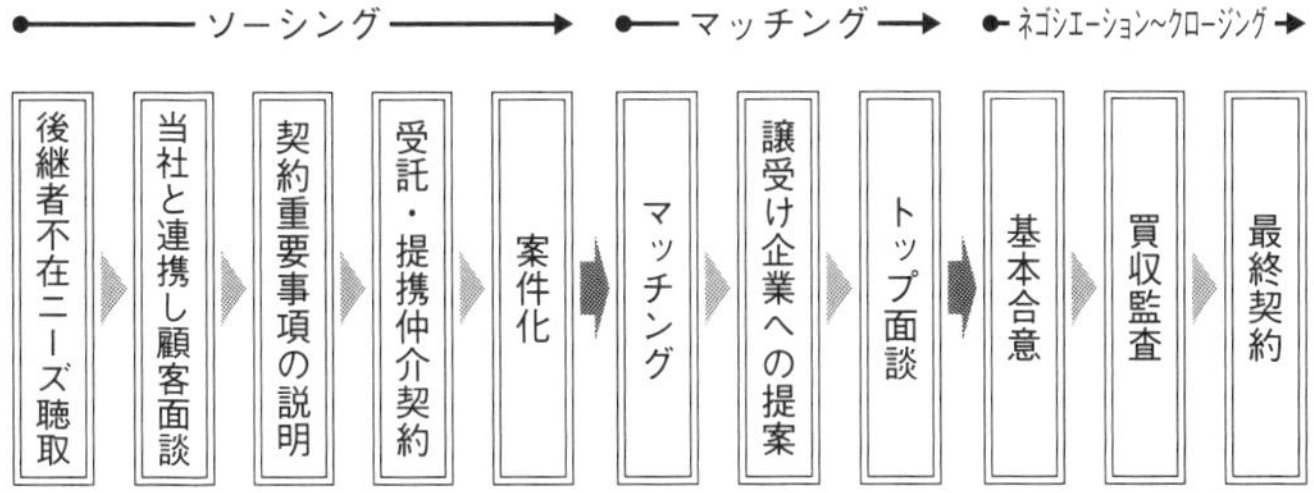

著者作成

会計事務所がM&A業務に取り組む体制

具体的なM&A業務に取り組む前に、そもそもM&Aとはなにか、なぜ会計事務所がM&A業務に取り組む必要があるのか、M&Aの全体的なプロセスはどのように進行するのか、といった、基本事項を事務所内で理解、共有しておくことが必要です。この点は、事務所の規模によっても異なります。以降は、だいたいの目安ということで示しています。

職員5人程度までの事務所であれば所長が取り組む

職員5人程度までの事務所であれば、おそらくすべての関与先について所長が申告書などを確認し、必要に応じて所長が訪問もしている状態になります。そのような場合はM&A業務も所長が中心で行います。そのため、所長自身がM&A業務の担当者になります。各関与先に担当職員がいて、その職員が関与先のM&Aニーズを察知した場合、所長に報告し、所長がM&A業務を担当するということです。

ただし、ニーズの察知は各関与先の担当者も行う必要があるため、M&A業務に対しての理解自体は全員がもっておくことが必要です。しかしあくまで中心は所長であり、所長自身の研鑽《けんさん》がM&A業務成功のポイントとなります。

職員6人~30人程度の事務所であれば横串を刺す「M&A担当者」を育成する

M&A業務に対して、関与先を担当するすべての職員が積極的に取り組み、経営サポート人材としての質を高めていければそれが理想です。しかし現実的には、やはり人によって資質の差や向き不向きもあるため、それはかなり困難であり、実現できるとしても時間がかかることになります。

この規模の事務所であれば、所内に1、2人のM&A担当者をおき、その人に情報を集約させる方法が効果的です。ほかの職員がM&Aニーズを察知した場合に、その担当者に情報を集約させる仕組みを作ることで、M&A業務の実績を増やしていくのが良い方法です。ただし、この規模の事務所では人員に余裕があるわけではないので、M&A担当者は兼任となる場合が多いです。

M&A担当者になれるような知識のある人間はいないように思えても、M&A担当には（少なくとも最初は）知識は関係ありません。それよりも、事務所内の仲間から慕われていることや、社長がなんでも話しやすい人柄であること、最近の言葉でいうなら傾聴力が高いことが大切です。

30人を超える事務所では、専門部署を作ることも一考

所員が30人を超えるような中堅から大規模の事務所であれば、M&Aを含めた戦略的事業承継の専門部署を設置し、専任の担当者をおくことも一考に値します。

ソーシングのスタートはM＆A業務の理解＝勉強会から

ソーシングフェイズの典型的な進め方としては、パターンがいくつかあります。場合によっては別のやり方となることはもちろんありますが、初めてM&A業務に取り組むということであれば、M&A仲介会社と協業しながらこのパターンで進めていくのが基本となります。

ソーシングのスタートは、所長をはじめとした事務所全体でM&A業務を理解することです。所長をはじめ有資格者であれば、税理士会が実施している事業承継の研修会やセミナーでM&Aを扱うことがあった際、そういったところから知識を得ることができます。商工会議所や金融財政事情研究会などでもM&Aをテーマとしたセミナーを実施することがありますから、そういう場に職員を参加させる方法もあります。

ただし、そういった団体での研修やセミナーなどは、制度的、概論的な話が多くなる傾向があります。会計事務所の高付加価値化、収益メリットや成長につなげるといった面も含めた実務寄りの話は、やはり実務家から聞くのがいちばんです。その点では、M&A仲介会社の担当者に講師になってもらって事務所で勉強会をするのは、とても有効な方法です。

私も、会計事務所の所長からそういった勉強会の講師を要請されることがあります。1回で概論だけを説明するようなことから、3、4回の連続講座にしてかなり細かいノウハウ部分までを伝えることもあります。

もちろん、M&A仲介会社側からすれば、自社の営業に結びつけられればという思いもありますが、必ずしも目先の案件獲得目的ではなく、ある程度長期的な目で、なにかの機会に思い出してもらえればといったスタンスでこうした取り組みを行っています。

私が講師を務める場合の勉強会では、

・会計事務所の高付加価値業務とは
・高付加価値業務を実現するためのハンバーガー戦略の有効性
・社長にとっての戦略的事業承継のニーズ
・戦略的事業承継のツールとしてのM＆A

といったことを、職員全員で学びます。

さらには、潜在的なニーズに気づくための「関与先の社長の潜在的なM＆Aニーズをつかむためのトーク術」なども伝えます。

関与先の社長の潜在的なM&Aニーズをつかむためのトーク術

勉強会で基本を学ぶのと並行して、社長のM&Aニーズを把握していくことも必要です。そのヒントになるのが、月次の監査訪問時などで雑談として交わされるトークです。逆にいうと、その会社の税務を担当している職員は社長の潜在的ニーズをすくい取るためにも積極的に社長の話を聞かなければなりません。

ただしその際、いきなり社長に事業承継の話題を正面から切り出すのは悪手です。社長にとっては、事業承継はできれば先延ばしにしたい、今は真剣に考えたくない問題です。それをいきなり真正面からぶつけられては面食らいますし、むしろ反感をもたれる恐れもあります。まして、M&Aという単語を出してしまっては台無しです。一気に心のバリアを張られるばかりか、なぜ会計事務所の職員がそんな話をするのかと怒りを買うことになりかねません。

社長との会話のなかで潜在的なM&Aニーズを把握するとき、聞き出してやろうという態度では逆効果です。むしろ、売上が順調に伸びていることを褒めたり、社長がいつも忙しくしていることをねぎらったりするような普通の会話の中から、その裏に込められた潜在意識を推測することがポイントになります。

例えば社長が、自分の息子が某社の部長に昇進したという話をしたとします。ビジネスとは直接関係のないただの自慢話のようですが、そこからは、その息子がこの会社に戻ってきて後継者になる可能性が低そうであること、すなわち後継者不在の課題があるということが考えられ、社長としてはそのことで不安や焦りを抱いての発言だった可能性があるという具合に、潜在的な気持ちを読み取り課題を推測するのです。

同様の例として、子どもが上場企業に就職が決まった、医学部に進学した、結婚して遠い地域に引っ越したといったような情報も「後継者不在の可能性」と結びつけて考えることができます。

また、社長が不安を口にしたときや、ちょっとした愚痴にも、重要なサインが見つけられます。例えば、腰が痛くて重い荷物が持てなくなったとか、疲れやすくて無理が利かなくなったといった、自身の健康状態に対する不安があれば、そこにはリタイアを意識し始めていることが示唆されているとみることもできます。また、息子は人が良すぎて決断力が足りない、幹部に経営感覚がなくて困る、自分が営業しないとだめだといった、後継候補者、社員などの能力不足をなげくような愚痴も、潜在的な将来不安を示しているといえます。

こういった社長の何気ない言葉の中から、M&A業務につながりそうな潜在的な心理に気づくトーク術をすべての担当者が磨いていく必要があります。

社長や事業の環境変化を見逃さない

会話の中で、社長の身近に大きな環境変化や、事業承継を考えるきっかけになりそうな出来事が生じていることが分かることもあります。例えば、母親の具合が悪くて介護が大変になりそうだとか、取引先の会社が代替わりしたがなかなかしっかりやっているとか、友人の社長が亡くなった、などです。あるいは、やや不謹慎に思われるかもしれませんが、親族が亡くなったといった話があれば、直接事業承継に関連してくる可能性があります。こういった環境変化は、自らの事業承継について考える大きなきっかけになるのです。

特に絶対に見逃してはならないのが、取引先がM&Aをしたというような、周囲でM&Aがあった話です。このときには、社長も関心が高まっている可能性が高いのです。

さらに、これは少し高度ですが、その会社の事業に影響を及ぼしそうな、事業環境の変化などを察知しておき、その話を振ってみるという方法もあります。例えば、業界内で大手企業が合併して業界再編が起こっているとか、規制業種において規制緩和がありそうだとか、技術革新が起きた、代替製品が人気を呼んでいる、といったことなどです。そういった情報を新聞報道などでチェックしておき、「今度、○○になるみたいで大変ですよね」といった話を振ってみることで、社長がそれに対してどんな課題を感じているのかを探ることができます。そのなかで、社長が興味を示している市場があるといった話や、逆に特定の問題に対して苦慮しているような発言が引き出せれば、チェックしておきます。

なお会社の環境変化については、会話の中だけではなく、会社の公式情報からつかめる部分もあります。例えば、創立20年の記念品が配られたとか、社長就任30周年の祝賀行事があったという情報が会社のホームページに掲載されていれば、長く務めた社長が事業承継を考える節目になるかもしれないということも推測できます。

このように、担当している関与先のさまざまな情報に常にアンテナを張っておくようにして、そこから、戦略的事業承継やM&Aにつながる兆しがないかどうかを見逃さないようにすることが、M&A業務の第一歩です。

もちろん、これらの兆しが、すぐに直接M&A業務に結びつくというわけではありません。しかし、会社を変化させたいという意識を示すサインとなります。そういったサインをデータとしてまとめて、今後に活用していくのです。

ソーシングの「三種の神器」＝状況確認表、勝手に検討会、同行訪問

勉強会で基本的な知識などを学び、トークの中で担当している会社の社長の潜在的な心理をすくうようにしたら、いよいよ具体的にM＆A業務に結びつきそうな会社を探るソーシングを始めていきます。そのために使うのが、私が「M＆Aの三種の神器」と呼んでいる「状況確認表＋ポートフォリオ表」「勝手に検討会」「同行訪問」です。

「状況確認表」で、担当している企業の状況を確認する

これは、各関与先の担当者が、自分の担当先についての事業承継の潜在的なニーズを洗い出すためのシートです。要は、この会社には事業承継ニーズやM＆Aニーズがありそうだということをまとめていくわけですが、その際、会社・社長の状況に応じて5段階に区分しています。

①後継者問題を抱えていそうな企業

社長が「子どもが会社を継がないと言っている」などと明言している、あるいは社長が高齢であるにもかかわらず子や孫がいないことが分かっている企業、社長が病気になった企業などです。

②今すぐにではないが将来的に後継者問題を抱えそうな企業

例えば、社長が50代でまだリタイアは先だと思われるけれども、子どもがいないので将来は後継者問題が生じそうだという企業です。

③後継者はいるが、事業承継に不安を抱えそうな企業

子どもが会社を継ぐ予定ではあるものの、年齢が若すぎる、経営能力に疑問があるといった場合です。あるいは、業績が低下傾向にあったり、債務が大きいため承継後の業績・財務面での不安があったりする場合もあります。

④成長意欲旺盛で、M＆Aの活用を検討しそうな企業

ご担当者名：
ご提出期限：本日中

④成長意欲旺盛で、M＆Aの活用を検討しそうな企業	⑤同族承継だが、規模が大きく準備が必要そうな企業 例：年商10億円以上
例：株式会社●●　〇田×行	例：※関連会社のネクストナビおよび東京プロマーケット上場にてお手伝いをすることが可能です。

状況確認表
エクセルシート

①後継者問題を抱えていそうな企業	②今すぐにではないが将来的に後継者問題を抱えそうな企業	③後継者はいるが、事業承継に不安を抱えそうな企業 例：息子の経営能力が不安
例：医療法人●●会　〇山×男	例：株式会社●●　●中×美	例：管理会社●●　〇田×行

著者作成

まず、社長が積極的な拡大成長路線を目指しており、実際に業績が伸びている企業や、また、一定の成長を実現させてきたものの人材不足などなんらかの理由により成長の壁に直面している企業もあります。このような企業では、譲り受ける側としてM&Aが検討されることがあります。

⑤同族承継だが、規模が大きく準備が必要そうな企業

年商が数十億円、あるいはそれ以上の規模になると、後継者への株式の移転コストなど将来の相続も見据えた承継コスト対策が重要になってきます。持株会社設立などの自社株式移転対策が必要になる場合もあれば、IPOを目指したほうがいい場合もあります。いずれにしても準備には数年単位の長い時間が必要であり、事業承継のシーンでなにかしらの助言が必要です。

担当者は自分の担当している企業がこれらのどこに当てはまるのかを推察して分類し、シートに記入します。注意すべき点は、社長に確認をして記入するわけではないということです。あくまで担当者が日頃の付き合いや社長との会話の中で得ている感触をベースに

して記入します。

もちろん、小規模な事務所で、所長が関与先の状況をすべて把握しているのであれば、所長が全部書いてもかまいません。

ポートフォリオ表でM＆A業務の全体像を把握する

各担当者が状況確認表にピックアップした企業を、さらに1枚のシートにまとめたものがポートフォリオ表です。会計事務所とM＆A仲介会社とが協業していく際に、会計事務所の関与先の全体が、M＆A業務の対象になりそうかどうか、また、なっている場合にはどの程度の進行状況なのかが分かるM＆A業務全体状況の確認表です。

せっかく状況確認表を作っても、その後、長期間動きがなければ忘れてしまうこともあります。そういうことを防ぐためにも、一覧で管理できるポートフォリオ表があると便利です。

ポートフォリオ表は縦軸がM＆A業務の進行ステージ、横軸には企業規模と想定報酬が区分されたマトリクスになっています。

					202●年度目標 実績		30000 6000

年商1億円以上～5億円未満	想定報酬（千円）	年商5億円以上～10億円未満	想定報酬（千円）	年商10億円以上	想定報酬（千円）	累計（千円）	達成率
				S社（運送業・50歳）	18000	24000	80%
						24000	80%
I社（空調工事：65歳）	6000					30000	100%
						30000	100%
						30000	100%
C社（広告・70歳）	6000					36000	120%
		G社（飲食店・62歳） D社（土木工事業・65歳）	9000 6000			57000	190%
J社(給排水工事・67歳)						57000	190%
P社（保育所：70歳）		L社（病院・43歳）				57000	190%
N社（調剤薬局・60代）						57000	190%
M社 （内装工事・50代） Y社 （ゴルフ練習場・70代） S社 （不動産管理業・60代）		P社 （出版社・50代） H社 （一般貨物自動車運送業・50代）				57000	190%
	12000		15000		18000	57000	190%

ポートフォリオ表

		年商1億円未満	想定報酬（千円）
	最終調整		
	監査（DD）		
	基本合意		
	トップ面談		
	譲受け企業との提携仲介契約（買アド）		
	案件（相手あり）		
提携仲介契約（アド契約）	案件（相手なし）	K社（クリニック・73歳）	6000
	Ⅳ　M&A提携仲介契約の説明 事業承継計画策定サービス契約の説明 経営計画（MAS監査等）サービス契約の説明		
	Ⅲ　日本M&Aセンター面談		
	Ⅱ　日本M&Aセンター開催（共催）セミナー参加 事務所開催（事業承継等）セミナー参加 M&A等のセミナー誘致 簡易企業評価サービス 関与先分析（意識調査アンケート）実施		
	Ⅰ　潜在的ニーズ有・可能性有	A社（娯楽に付随するサービス業・70代） S社（葬儀業・50代） F社（下水処理施設維持管理・50代） B社（食料品小売業・60代） E社（不動産管理業・60代）	
	合計		6000

横軸の右側にいけばいくほど、規模と想定報酬が大きい企業であり、顧問報酬もM&A業務の成功報酬も大きくなるため、重要度が高く、またほかの金融機関などがコンタクトしている可能性が高くなります。

148～149ページに掲載しているのが、当社で活用している表の見本です（実際には事務所ごとにカスタマイズして使用します）。縦軸のステージは下から上へと進んでいきます。

【ステージ解説】

Ⅰ：M&Aの話はしたことはない。これから提案予定
Ⅱ：セミナー参加、簡易企業評価実施
Ⅲ：日本M&Aセンター担当者の紹介および面談のフェイズ
Ⅳ：M&A提携仲介契約の決定前の段階
アド契約：譲渡企業と提携仲介契約締結済み
案件（相手なし）：譲受け企業候補なし
案件（相手あり）：譲受け企業候補あり

買アド：譲受け企業と提携仲介契約締結済み
トップ面談：譲受け企業と面談済み
基本合意：大筋の条件（価額等）で双方合意（基本合意締結）
監査：買収監査中もしくは監査調整中
最終調整：買収監査後最終契約のすり合わせの段階

このうち、Ⅰ～Ⅳまでが会計事務所が中心となって関与する部分であり、それよりも上の部分はM＆A仲介会社の役割になります。掲載のポートフォリオ表には記入のサンプルも掲載しています。ここでは、企業名、業種と、社長の年齢を記載します。社長の年齢については、年齢が高ければ事業承継の切迫度が高くなるために、重要な情報として入れてあります。

このポートフォリオ表は企業になんらかの状況変化があれば随時更新しますが、例えば3カ月とか半年ごとに、以前のものと最新のものを比べれば、上部へと進んでいない企業は一目瞭然です。ここでステージⅡやⅢにある企業は、ある程度真剣にM＆Aを検討していると考えられます。それにもかかわらず、長期間その段階にとどまって先に進まないのなら、なにか理由があるのかもしれません。必ずしも急いで進めることがよいわけではありませんが、進行しない理由は確認したほうがいいです。理由が分かればそれを取り除いて進めることができるかもしれないからです。

また、ステージⅡやⅢの段階にある企業に対しては、ほかの事業者も積極的にアプローチをしていることが考えられます。そのようなアプローチがあってもしっかりと自分たちのところに相談が来るような関係性を維持する必要があります。

企業価値を上げ成長させることができるかを「勝手に検討」する

状況確認表で名前の挙がった企業に対しては、次に「勝手に検討会」を実施します。なにを検討するかといえば、その企業の戦略的事業承継のためにはどんな方法が良いのか、M&Aの実施が企業の成長に役立つかどうかといったことです。これらを、先方の社長とは関係なく行うため「勝手に」と名付けています。

これは多くの場合、M&A仲介会社を交えて行います。M&Aによって成長の可能性があるのか、あるとすれば譲り渡し側になるのか譲受け側になるのか、相手先にはどんな企業が考えられるかといった、ある程度具体的な想定も含めて検討するためです。これを会計事務所のスタッフだけで行うことは、特にM＆A業務が未経験の場合はハードルが高いです。M＆A仲介会社のスタッフを交えて検討すれば、ある程度解像度が高く、具体的な「絵」を描くことが可能になります。

勝手に検討会は、だいたい1社について20分程度掛けて、事業環境、事業の成長性、業績や財務、後継者の状況などを勘案し、どのような将来像を描くことが社長と会社にとって最も良いのかを探求していきます。

その結果、譲り渡し側、あるいは譲受け側としてM＆Aを検討することがよいという結論が得られれば、次の「同行訪問」のステップへと進みます。

検討の結果、この会社はしばらくは現状のままで大丈夫だから2、3年後にまた検討しようとか、ここは子どもが承継するほうがいいからそのときにできるサポートをしようなどといった結論になることもあります。その場合は、早めに情報発信をしておく必要があるので顧問先に対して、相談に乗れるということを周知しておかなければなりません。なお、M＆Aは一つのツールであり、M＆Aありきで話をすべきではありません。

ソーシングフェイズのまとめは同行訪問

ソーシングフェイズのまとめとなるのが「同行訪問」です。同行訪問とは、会計事務所の職員（税務担当者、またはM&A担当者）が、M&A仲介会社の担当者（M&Aアドバイザー）を関与先に連れて行くことです。

もちろん、社長には事前に話をしておくのですが、いきなり事業承継やM&Aの話を持ち出したり、M&A仲介会社の人を連れていくなどと言ったりすれば、社長も身構えてしまい、場合によっては引いてしまいます。先に社長から聞いていた話題を引き合いに、「それに詳しい人がいるので紹介します」や「業界のことやほかの社長をよく知っているM&A会社の人がいます」といったカジュアルな感じで承諾を取り付けます。

もちろん、M&Aアドバイザーも、社長に対していきなり営業トークをすることはありません。会社についての悩みをヒアリングしたうえで、その話題についての業界動向などを話しながら、あくまで社長の役に立つ情報提供をするというスタンスで接します。

これはM&A仲介会社、あるいは担当者にもよるので一概にはいえないのですが、多くの場合、M&Aアドバイザーは業界動向をよく勉強しており、また同規模で同じような経営陣構成の中小企業もたくさん見てきていますので、そのリアルな話を聞けること自体は社長自身も喜ぶのです。ただ、その後にうるさく営業されるのが面倒だったり、単に忙しかったりという理由で、普段はそういう人に自分からアプローチしないというだけなので、話自体には興味をもって聞いてもらえます。

そうして交流が深まれば、社長や会社の課題解決のためにM＆Aが役に立つかもしれないということを伝えていきます。この流れを経て、社長がM＆Aに乗り気ではない、あるいはやるかもしれないけれどもっと先の話だという反応を見せれば、その会社についてはそこでいったんM＆Aの話は保留になります。いずれ何年後かに、時機を見て再検討することになります。

反対に、積極的に興味を示すようであれば、具体的なM＆A提携仲介契約の説明（ポートフォリオ表のステージⅣ）、さらには提携仲介契約の締結を経てマッチングのフェイズへと進行していきます。

同行訪問を通じて職員も成長する

ちなみに、同行訪問は会計事務所の担当者が同行するわけですが、職員自身が話をリードする必要はありません。その場では主に、社長とM&Aアドバイザーとの会話の聞き役となります。しかし、目の前で交わされるその会話を聞いていることが職員自身のスキルアップや意識アップに非常に役立っているというのは、私が多くの会計事務所所長からお聞きする話です。

何回かの同行訪問を経験して、「それまでほとんどできなかった経営の話題について社長と会話できるようになった」「自分から経営の勉強をするようになった」といった話をよく聞きます。そういう人材が増えれば、事務所全体のレベルアップにもつながります。

M&A業務への取り組みを広報しておく意味

潜在的なニーズを喚起するために、自社が戦略的事業承継業務やM&A業務に取り組んでいるということを積極的に事務所のホームページや事務所通信などで広報することも必要です。

その際には、会計事務所がサポートしたことにより、関与先がこういうふうに事業承継やM&Aに成功してハッピーになったといった事例があれば非常に有効で、それを見て関心をもつ関与先も出てくることになります。しかし、M&A業務に取り組み始めた最初のときは、当然そういう実績はありません。単に「事業承継業務にも取り組んでいます」「M&Aのご相談にも乗ります」ということを伝えるだけでは、訴求力は弱いですが、それでもやっておいたほうがいいのは確かです。

よく、プル型営業（相手からのアプローチを待つ）、プッシュ型営業（こちらからアプローチする）といいますが、会計事務所のM&A業務においては、特に実績のない段階ではプル型で成果を出すことは難しいものです。そのために、会計事務所が仕掛けとして行うのが、ソーシングにおける状況確認表や「勝手に検討会」です。

相手先の社長にあらかじめ広報をしておけば、アプローチをした際にそういえばと思い出してくれて、M&Aの話に向く可能性が高まります。

マッチングフェイズ以降で会計事務所が関わるポイント

社長がM&Aに取り組む気になり、M&A仲介会社と契約を結べば、相手探しから始まるマッチングフェイズへと移行します。マッチングフェイズ以降はM&A仲介会社が中心となって進めるため、会計事務所が関与する部分は少なくなっていきますが、いくつかの重要なポイントがあります。

ここで前提となるのは、M&A提携仲介契約を結んでマッチングにトライしても、必ずM&Aが成約するとは限らないということです。

M&Aは結婚のようなものだという話がありましたが、M&A仲介会社はお見合いを仲介する結婚相談所のようなもので、お見合いをしたカップルが必ず結婚をするわけではありません。お互いの気持ちがうまく一致しないこともよくあるのです。

ところが、そのプロセスに会計事務所が関与し、社長をうまく支えてあげることでM&Aの成功確率は高まります。その意味で、マッチングフェイズ以降では実務を担う部分は少ないとはいえ、M&A成功のために会計事務所が果たす役割は決して小さくないのです。

①受託・提携仲介契約

M&A仲介会社と社長（あるいは企業）とが契約を結ぶステップです。ここでよく問題になるのが契約の形態です。不動産の売買をするときに、売り手と不動産会社とで結ぶ契約には「一般媒介」「専任媒介」「専属専任媒介」の3種類の形態があるのは比較的よく知られた話ですが、M＆Aの場合もこれに似て、「専任契約」と「非専任契約」とに分かれています。専任契約とは、一つのM＆A仲介会社と契約を結んだらほかのM＆A仲介会社とは契約できないという縛りがある契約です。一方、非専任契約では、そのような縛りがなく、何社とでも提携仲介契約を結ぶことができます。

社長は、非専任契約で複数のM＆A仲介会社と契約をしたほうが相手を見つけやすい、あるいはより条件が良い相手が見つかるのではないかと考えてしまいがちです。それは一面では事実ですが、必ずしも正解ではありません。なぜなら、M＆A仲介会社としては、自分たちが苦労して相手を見つけてきても他社が選ばれるかもしれないと思えば、社長のために身を粉にして最適な相手を探そうというモチベーションが下がるかもしれないためです。

また、それよりも大きな問題が情報漏洩のリスクです。M＆Aにおいては、情報管理は最重要といっても過言ではないほど重要な問題です。通常、契約が締結されるまで従業員や取引先には知らせないで進めます。なぜなら、特に譲り渡す側の場合、会社が「売られる」と思われれば、従業員にも取引先にも大きな心配をもたらすためです。もし、それがきっかけで、従業員の退職があったり、取引先の減少があったりして事業に悪影響があれば本末転倒です。かといって最後まで秘密にしていると、役員やキーパーソンは、なぜ教えてくれなかったのかと不満をもつことも考えられます。したがって、誰に、いつ、どこまでを伝えるのかは、M&A業務でも非常に繊細で難しく、個々の企業ごとに慎重に検討しなければならない問題なのです。

専任契約であれば、情報管理も厳密に行うことができます。ところが、非専任契約で複数のM&A仲介会社が関与していては、いつ、どこから情報が漏れるか分かりません。このリスクを避けるため、M&Aをすることを社内や取引先にも公言しているといった場合を除けば、可能な限り専任契約を結ぶほうが一般的には安全だというわけです。

しかし、社長は初めてM&Aに取り組むのでこういった事情がよく分かりません。ややもすると、M&A仲介会社は仲介手数料を確実に得たいから専任契約を勧めているという誤解をもつことがあります。そこを会計事務所が説明すれば、社長の誤解も解けやすくなります。

そのほかに、成功報酬の計算、着手金の有無などもM&A仲介会社によって異なります。それぞれ会社の意図や得失がありますが、やはり社長には分かりにくいことも多く、もちろんM&A仲介会社からも説明はしますが、社長の立場に寄り添ってかつ中立的な立場からそういった知識面をサポートすることは、会計事務所の大切な役割となります。

②案件化

M&A仲介会社は、単に譲渡希望企業の情報を右から左に流しているだけのブローカーではありません。企業の中身を精査し、どんな将来性があり、どのくらいの価値が見込めて、どんな相手と結びつけば互いにメリットがあるのかといった分析をしたうえで、譲受け候補企業に提示します。このことを案件化と呼んでいます。

案件化の段階でよくあるのが、株式価値評価、つまり想定譲渡価額への疑問です。実のところ、M&A仲介会社のなかには、根拠もなしに「御社なら◯億円で売れますよ」などと言って提携仲介契約を取ろうとする会社もあるのです。そういうところからいい加減な話を吹き込まれていた社長の場合、きちんとした精査をし、理論的な根拠に基づいて算出した株価に対して、疑念をもってしまうことがあります。

そこで会計事務所は、会計の専門家としての立場から、M&A仲介会社の示した価格の妥当性について社長に助言する役割が求められます。これは別にM&A仲介会社の肩をもって社長を説得するということではありません。あくまで専門家としての客観的な立場からの意見ですので、もしM&A仲介会社の提示する株価がおかしいと感じれば、算定根拠などをただすことも必要です。

③マッチング〜④譲受け企業への提案〜⑤トップ面談

③マッチングでは、まずM&A仲介会社が保有している候補先のリストを作成します。次にそのリストを譲渡企業に提示して、社長のOKが出た候補先にノンネームシート（匿名ベースで企業概要を要約した資料）を提示し、興味をもった先に秘密保持契約を結んだうえで実際の企業名と譲渡条件などを伝えるのが④譲受け企業への提案です。これらのステップには会計事務所が関与する余地はほぼありません。

提案を受けた譲受け企業が前向きに交渉に臨むことが分かれば譲受け企業とも提携仲介契約を結び、⑤トップ面談に進みます。文字どおり双方の社長が面談をする場であり、互いの人となりや企業文化、事業内容などを理解するための機会です。

ここでは、社長からの希望があれば会計事務所が同席をするということもあります。すでに互いの希望条件の大枠はすり合わせが済んでいるので、トップ面談では通常細かい条件交渉などはしません。しかし、なにか確認しておきたいことがある場合などで、それを社長の口から話すのではちょっと角が立つかもしれないような場合に、社長の代わりに会計事務所の顧問税理士の立場として質問します。

なおトップ面談は多い場合だと4～5社と行うこともあります。

クロージングフェイズのポイント

⑥基本合意（中間合意）

トップ面談を経て相手候補を1社に絞り込めたら、⑥基本合意（中間合意）を結びます。最終合意に向けて互いに進めていこうという合意です。大枠の金額や条件が基本合意書に盛り込まれます。

⑦デューデリジェンスでは、会計事務所が活躍することも

デューデリジェンス（DD、買収監査）は、譲受け企業側が法律事務所、会計事務所やコンサルタントなどを使って、譲渡企業の財務・税務関連を柱に、そのほか、法務、労務、事業（ビジネス）、環境、システムなどの詳細を調べて、事前資料のとおりで間違いないか、

潜在的なリスクがないかなどを調べます。

ＤＤにおいて会計事務所が果たす役割は、譲り渡す側なのか、譲り受ける側なのかによって異なります。譲り渡す側の場合、ＤＤにおいて譲受け企業の担当者からさまざまな資料やデータの提出が要求されたり、業績、財務状況や業務プロセスなどについて社長へのヒアリングが求められたりします。そうした際に、会計事務所は特に財務面や税務面において、資料の整理、準備、ヒアリングへの同席など、社長をサポートできる部分が大きくなります。

また、会計事務所が関与している企業が譲り受ける側となる場合は、ＤＤの実施が依頼されることもあります。それを引き受けることになった場合は、いくつか注意点があります。

まず基本的な前提として、中小企業のＭ＆Ａは敵対的買収ではなく、あくまで企業の成長のために友好的に執り行われるべきものという点です。それにもかかわらず、まるで税務調査のように相手方を問い詰めたり、重箱の隅をつつくような細かいあら探しばかりをしたりして相手方の社長を不愉快な気持ちにさせてしまうと、最悪の場合はそれが理由でＭ＆Ａ自体の破談にもつながりかねません。もちろん、あくまで譲受け企業の依頼に基づいて行われるものですから、その利益を損なわないように、正しく、漏れのない監査をすべきですが、相手に対する敬意は絶対に忘れてはいけません。

そうした点も含めて、M＆A仲介会社のコンサルタントや依頼主である社長と綿密な事前打ち合わせをしておく必要があります。DDは、調査分野が多岐にわたります。もし引き受けるとしたら、どこまでの範囲なら責任をもって引き受けられるのかを明確にしておきます。いうまでもないことですが、なんとかなるだろうと安易な気持ちで引き受けて、結局不十分な結果となれば、信用問題になってしまいます。

⑧最終契約前の「マリッジブルー」を防ぐ

DDでは通常、なんらかの問題が発見されます。これは別に意図的になにかを隠していたということではなくても、一般的に中小企業は上場企業のように隅々までしっかりガバナンスを利かせて経営をしているわけではないので、どこかに問題があることが普通だからです。

その問題が、譲受け企業にとって非常に重大なことだと感じられれば、破談に結びつきます。しかし、きちんとしたM＆A仲介会社が関与していれば、案件化やその後のマッチングプロセスの段階ですでに大きな問題は洗い出しているはずなので、DDで破談になるほどの問題が発見されることはまれです。

そのほかの小さい問題は、譲渡価額に反映（ディスカウント）させたり、契約書の「表明・保証」事項に織り込んだりするなどして対応します。この最終契約書の作成プロセスは、双方の主張をすり合わせて落とし込んでいく作業となるので、少しハードな面もありますが、それを担当するのはM&A仲介会社や弁護士となります。この時点で会計事務所に社長が求めたい役割は、契約書の主要条件、特に譲渡対価などの金銭面の条件を、中立な立場からジャッジすることです。

M&Aのプロセスは、数カ月から場合によっては1年以上かかるので、契約の最終局面ではM&A仲介会社のコンサルタントとしても、ここまで来て破談にしたくないという意識が働いてもおかしくありません。そのために、譲り渡す側の社長からすると、それが強引さのように感じられることもあると思います。

そんなときによくあるのが、M&Aの「マリッジブルー」と呼ばれる現象です。結婚式の直前になって、本当にこの相手と結婚してよいのだろうかと迷いが生じ、落ち込んでしまうマリッジブルーと同じようなことが、M&Aでも、本当にこの相手に会社を譲り渡してよいのだろうかと疑問が大きくなる形で起こります。M＆A仲介会社にぐいぐいと押されるほど、マリッジブルーが大きくなることもあります。心配があるのなら冷静に考えることは大切です。しかし、その心配の原因がなんなのか、それは本当に心配すべきことなのかを分析しなければなにも解決しません。

心配事が財務や資金関係の事柄であれば、会計事務所がアドバイスできます。その結果、本当は心配するようなことではないかもしれませんし、いったんストップして条件を詰め直すほうがいいということもあるかもしれません。いずれにしても当初の目的である戦略的事業承継、会社の持続的な成長という観点を踏まえたうえでの客観的なアドバイスが会計事務所に求められます。なお、社長の心配事が契約上の法的な問題であるならば、弁護士に任せて解決を図るということもあるかもしれません。

M＆A契約締結後のPMI

PMIとは、Post Merger Integrationの略で、M＆A後の経営統合過程のことを指します。会計事務所が担当していたのが譲り渡し側の企業だった場合は、税務顧問契約が終了すればこれは関係ありません。税務顧問契約が当面継続する場合は、譲受け企業の会計事務所などとの調整が必要になります。

また、会計事務所が担当していたのが譲り受ける側だった場合は、譲り受けた企業の会計システムをどう統合するのか、月次決算の仕組みなどをどのようにすり合わせるのかなど、考えなければならないことは多々生じます。

それまでは単体決算しか作っていなかった企業でも、M&A後は連結決算を作成しなければならない場合もありますので、それにどこまで対応するのかということもあります。

いずれにしても、早急に関与先の社長とすり合わせをしておく必要があります。

三つのボトルネックを解消する

会計事務所がM&A業務に取り組むプロセスの流れや仕組みについて理解することは、そう難しいことではないと思います。しかし、実際に会計事務所がM&A業務への取り組みに着手してみると、最初はなかなかうまくいかないことがよくあります。その理由として、三つの「情報のボトルネック」があると私は考えています。

M&A業務に関する三つのボトルネック

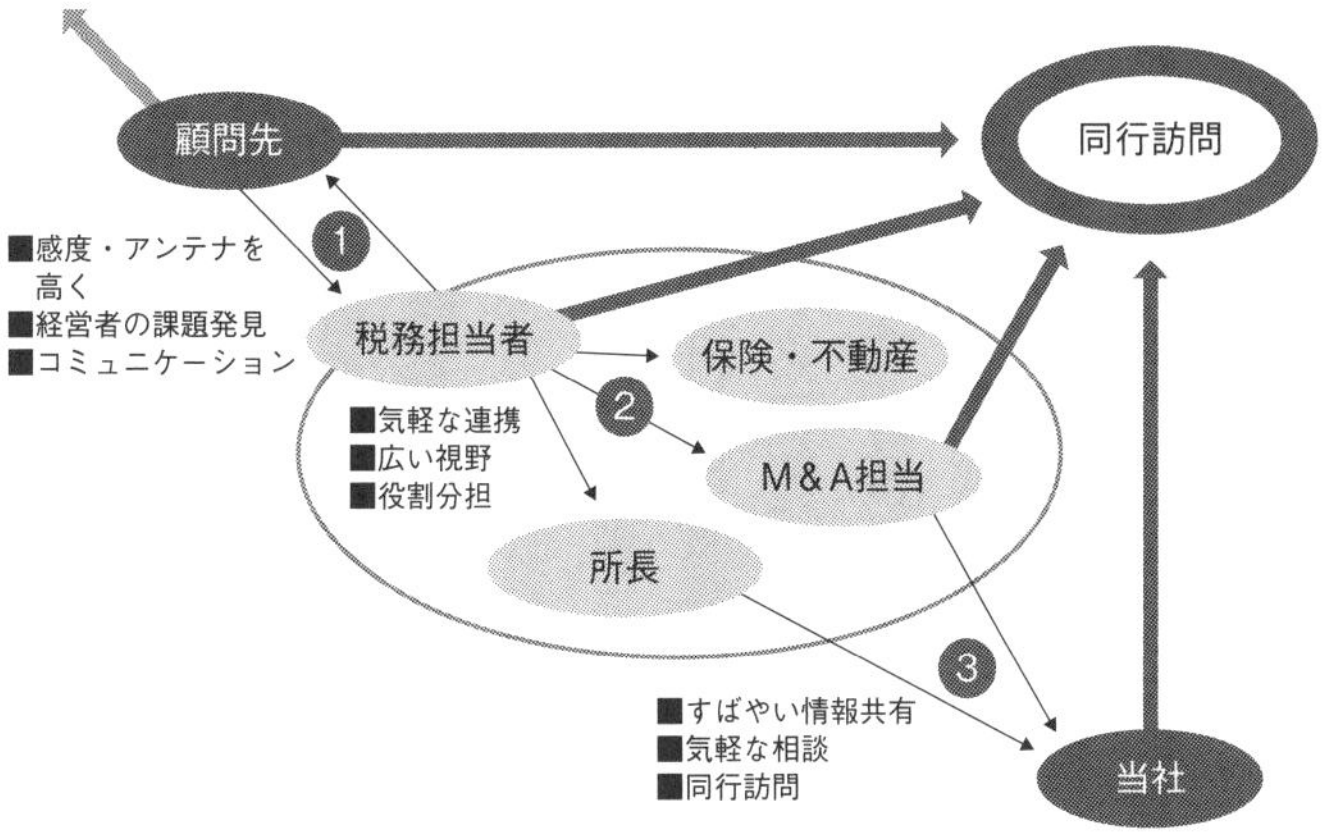

著者作成

①担当者が関与先社長の悩み、課題を拾い上げることができない

どんな社長にも悩みや課題は必ずあります。それが戦略的事業承継やM＆A業務に結びつくかどうかはさておき、まずはその悩みや課題を拾い上げることができなければ話は始まりません。

そのためには、まず悩みや課題に気づくことが必要です。話を聞く際に、ただ聞いているのと、悩みや課題はないだろうかと意識して聞いているのでは、全然違うものです。これが、いわゆる傾聴力です。そのうえで、それに対応して反応できる応答力、コミュニケーション能力があれば最高ですが、すぐには難しいでしょう。しかし、同行訪問などの経験を積むうちに、少しずつ解消されていきますので、意識と経験が大切だということです。

②担当者がキャッチした情報が事務所内で共有されない

二つ目のボトルネックとなるのが、職員が社長との会話の中で課題を見つけたときに、それを事務所内できちんと共有できるかどうかという点です。これには、まず職人型組織で、同僚は別の関与先を担当しているのでそもそも接点がない、トップの所長には気軽に話せないという場合があります。

また、所長には話せるとしても、日々の業務をこなすだけで精いっぱいでまったく余裕がないと、職員は仕事が増えることを負担に感じて気づかないふりをするということもあります。

そういった事態を防ぐには、普段から情報共有しやすい風通しのいい組織風土にしておくことや、余裕をもって仕事ができる体制の事務所にしておくことが必要です。これらの組織変革は、M&A業務対応に限ったものではなく、会計事務所がこれからの時代の人材採用難に対応していくためにも必須のことです。

それと同時に、情報共有が積極的に行われるような仕組みを整えることも大切です。M＆A担当者をおくのはその一つの方法です。M＆A担当者に伝えれば、あとはその人がM＆A業務を担当してくれるということになれば、気軽に情報共有できます。

また、「三種の神器」として挙げた状況確認表も、情報共有を図る仕組みです。これは強制的に書かせるものなので、報告しようと思っていたけれどうっかりして忘れていたといった事態も防げます。

③事務所と連携するM＆A仲介会社との距離感

事務所内で共有された社長の課題情報は、所長あるいはM＆A担当者を通じてM＆A仲介会社に共有されていると、「勝手に検討会」などがスムーズに動きやすくなります。これについては、所長がM＆A仲介会社との協業意識をどれだけもてるのかがポイントとなります。また、M＆A仲介会社側の努力も必要です。携帯一本で相談できる関係をつくっておければ、非常にスピーディに対応もできるようになります。いずれにしても、ここにボトルネックがあるとM＆A業務をスムーズに進めることが困難になるので、ボトルネックが生じていないかを常時チェックすることが必要です。

どんなM&A仲介会社と組むべきか

会計事務所のM＆A業務への関わり方として、M＆A仲介会社へ紹介し協業しながら社長をサポートするという形を前提にした取り組み方を説明してきましたが、M＆A業務成功のためには、協業するM＆A仲介会社の業務の質も非常に重要になります。

玉石混交状態のM&A仲介業界

後継者不在問題を背景として、M＆Aは一種のブームとも呼べる状況になっています。M＆A仲介会社の数も右肩上がりですが、その数の増加に伴って、業務品質の面で問題があるM＆A仲介会社も残念ながら出てきてしまっています。

業務品質が低いといってもいろいろありますが、例えば次のような会社が実際に存在し、M＆Aそのもののイメージを下げてしまっている現実があります。

・提携仲介契約を受けながら、しっかりと案件化をせず、単に右から左へ情報を流すだけ

M＆A仲介会社の推移

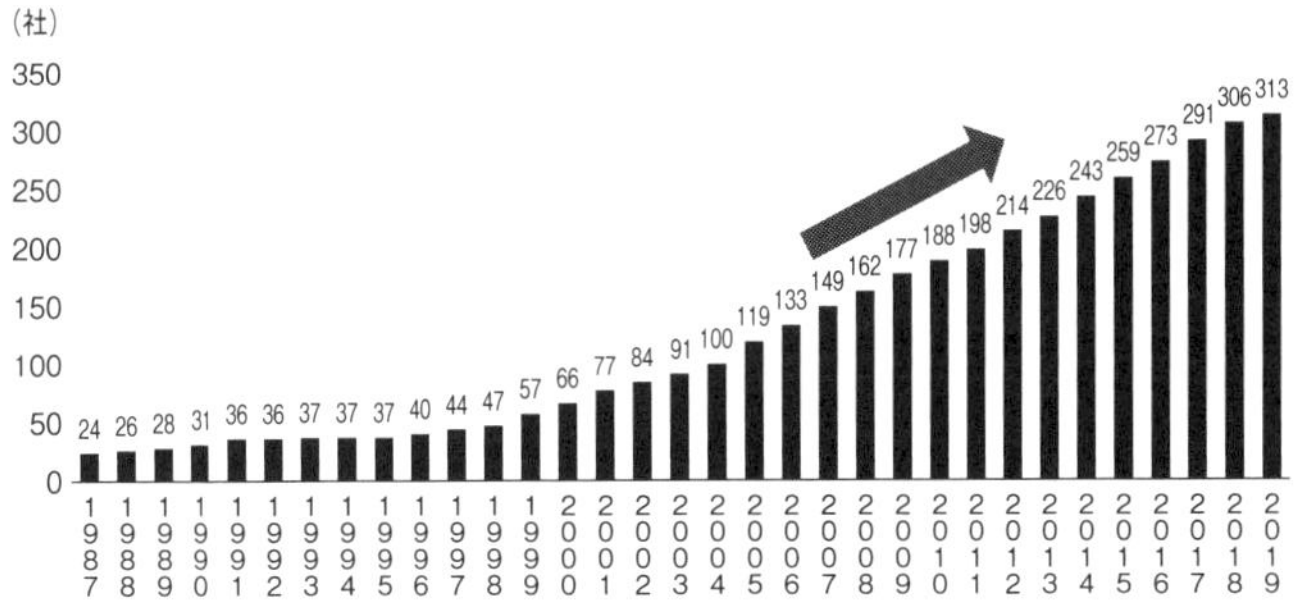

出典：中小企業庁『「中小企業M&Aガイドライン」について』（2020年3月31日公表）

のブローカーに近い会社

・譲受け企業のリストが貧弱であるため、マッチング力に問題のある会社

・とにかく急いでM＆A契約をまとめることだけを考えて、譲渡企業あるいは譲受け企業にとって、不満足な条件でもまとめようとする会社

・経験が不足しているため、契約プロセスに不備があったり、業界固有の事情を反映しない契約書を作成したりする会社

こういったM＆A仲介会社と協業してしまうと、会計事務所のM＆A業務がうまくいかないばかりか、関与先からの信用が毀《き》損《そん》されることにもつながりかねません。信頼できるM＆A仲介会社を見極めるためには、いくつかのポイントがあります。

①経験が豊富で、さまざまな業種のM&Aを扱っている

M&Aのプロセスでは、思いもよらない事態が生じて簡単に破談になってしまうことがよくあります。そのような事態を防ぐには、M&A仲介会社が先手を打って、起こり得る問題を想定し、あらかじめそのトラブルの芽を摘みとっておくことが大切です。そういった予見力は、M&Aの教科書をいくら読んでも身につくものではなく、多くの実践の中でしか会得できません。また、譲受けを希望する企業とのネットワークの数も、やはり多くの仲介経験で時間を掛けて築かれます。

さらに、法規制、税制、商慣習などさまざまな面で、業界固有の事情が必ずあります。M&Aはあくまで会社を成長させるためのツールですから、M&A仲介会社がそうした事情にも通じていなければ良いM&Aはできません。

必ずしも経験の浅い会社がダメだというわけではありませんが、一般的な傾向として、多くの業種で豊富なM&Aマッチング経験を積んでいる会社のほうがより確実に、しかもより良いM&Aを成就させられる可能性は高いです。

これはホームページに「成約実績○○件」と書かれていても、実際にどこまでの部分を

担当したのか分からないということもあるので、話をよく聞いて確認するほうがいいでしょう。

②担当者のレベル

会社としての経験は豊富でも、会計事務所と協業してくれる担当者も経験豊富とは限りません。大手の企業は社員も多いため、どうしても個々人のレベルに差が出るという側面があります。そこで、会社の看板だけで信用するのではなく、担当者の質を見極めることが大切です。どれだけ社長の課題をしっかりと聞けるか、会社の成長のための提案ができるか、経営や業界のことを勉強しているか、会計事務所のビジネスを理解し、それに資する協業提案ができるかといった面です。

なお、M&A仲介会社によっては複数人のチーム体制で協業の担当をしてくれるところもありますので、その場合は、チームリーダーの経験や実力も含めて判断します。

③報酬体系

M&A仲介会社への紹介によって得られる紹介料が、会計事務所が行うM&A業務の直接の収益になります。その料率や、紹介料が入るタイミングなども確認しておく必要があります。もっとも、いくら紹介手数料が高く設定されていても、肝心のM＆Aが成就しなければ意味がありません。そのため、まず重要なのはM＆Aを成約させる実力や経験であり、報酬体系は二義的なもので参考程度に考えておくべきです。

第5章

後継者不在、資金難、事業拡大……

M&A支援業務4つの成功事例

実際にM&A仲介会社と協業した会計事務所がM&A業務を成功させた事例を見てみると、地域も、M&Aの目的も、会計事務所の関与度合いもさまざまです。そこから逆に、M&Aが多くの課題や悩みを解決するためのツールになり得るということが見えてきます。

ただし、守秘義務の関係があるため、事例のエッセンスは変えていないものの、業種、地域、規模、金額などは、事実とは異なるものにしています。また、登場人物の名前などはすべて仮名です。

事例 1

最初はM&Aに反対した職人気質の先生が、積極的なM&A推進派になった理由

▼M&Aの状況
内容　譲り渡し（株式譲渡）
業種　ホテル業
地域　東北地区
売上高　7億円
経営者の年齢　60代後半

A興産が経営するAホテルは、東北の風光明媚《ふうこうめいび》な観光エリアに古くからある老舗ホテルでした。Aホテルに大きな転機が訪れたのは2011年のことです。東日本大震災で建物が全壊するという大被害を受けたのでした。

当時50代後半で2代目としてホテル事業を引き継いだばかりだった田中社長は、自分のホテルだけではなく、生まれ育った街が壊滅的な被害を受けたことに大きなショックを受けながらも、必死の思いでホテルの再建と地元の観光業の復興に力を尽くしました。その努力のかいもあって震災から4年ほど経った頃にはAホテルが再建され、再びたくさんの客でにぎわうようになりました。Aホテルは、いつしか町の復興のシンボルと呼ばれるまでになったのです。

Aホテルが早期に再建できたのは、田中社長の粉骨砕身の努力もありましたが、それに加えて地元の観光業者や土産物店、漁業組合などの協力もあったことも大きな要因でした。その背景には、田中社長の父であった先代社長がA興産を創業した際、地元の建設会社や観光会社、土産物組合といった有力会社、経済団体などから出資を受けていたことがあります。

田中社長は先代社長だった父が保有していた株式のすべてを相続しましたが、それはA興産の全株式の60％だけで、残りの40％は地元企業やいわゆる経済界の名士の人たちが保有するものとなっていました。地元の有力な観光業者や建設業者とAホテルとは、いわば一心同体の関係だったのです。

最初は猛反対、M&Aへの不信感

震災から10年近い時が流れ、田中社長も60代後半の年齢になりました。接客業であるホテル業は、肉体を酷使する面もあり、田中社長は体力の衰えからリタイアを考えるようになりました。しかし、田中社長は若いときに妻を病気で亡くして以来独身で、子どもがいませんでした。そこで、税務顧問の斎藤税理士に「M&Aで会社を譲ってリタイアしたい」という相談をしたのです。当時のA興産は、売上高がグループ全体で7億円、従業員数は60人ほどでした。

相談を受けた斎藤先生は最初、M&Aに反対しました。その理由の一つは、斎藤先生自身、M&A業務に携わったことがなく、M&Aに対して正直どこか不信感をもっていたということです。まだ若いのにリタイアは早すぎる、それに町のシンボルであるAホテルを誰とも分からないよそ者に売ってしまうことは断固反対であるといって、田中社長に翻意を促しました。地元の観光業界や建設業界の社長たちは、軒並み70代で、なかには80代で現役の社長もいます。また、斎藤先生自身も田中社長より5歳年上でした。田中社長のリタイアがいかにも早すぎると感じられたのも、無理はなかったのかもしれません。

それでも田中社長の意志が固いため、半ばしぶりながらも、斎藤先生は私たちにご連絡を下さったのです。

私たちはさっそく現地に向かって、田中社長と面談しました。詳細な資料を預かって検討したところ、事業の内容はすばらしいものでした。私たちのもつデータから譲受け企業を探索すると、東京に本社をもち全国でレジャー施設などを手広く手掛けていたＢ社が名乗りを上げてくれました。Ｂ社の小泉社長が田中社長とトップ面談をするとすぐに意気投合し、ぜひ前向きにＭ＆Ａを進めたいとのことで意見が一致しました。

順風満帆に進みそうに思えたＭ＆Ａですが、ここで思わぬ障壁が立ちはだかりました。ほかの株主から大反対を受けたのです。

社長に寄り添う税理士の存在感

町のシンボルともいえるホテルを売るとはなにごとだ、まだまだやれるはず、自分は絶対株は売らない等々……、田中社長以外のほぼ全員の株主がＭ＆Ａ反対の声を上げたのです。これは田中社長にとっては想定外のことでした。

田中社長は気落ちし、Ｍ＆Ａは暗礁に乗り上げてしまいました。しかし、その後もＢ社の小泉社長とは折に触れて面会し、その際に気長に待っているからと応援されたこともあり、田中社長は再びM&Aを進める決意を固めます。面談を重ねるうちに、小泉社長なら必ずAホテルをもっと良くして成長させてくれるはずだという確信をもてたのです。

そして、田中社長はそれから実に1年近い時間を掛けて、ほかの株主たちとじっくり話し合い、説得を重ねて少しずつ賛同者を増やしていきました。M&Aの話を最初に聞いたときは反対していた斎藤先生も、そんな田中社長の姿を見るうちに、そこまで強く思っているのなら協力しようと考えるようになり、一緒に株主の説得にあたりました。

斎藤先生の税理士事務所は、所員数は7人と決して大きな事務所ではありませんが、やはり税理士だった父親の時代から50年以上も地元で事務所を続けていることや、先生自身の誠実な人柄で、地元の名士からも厚く信頼されていました。そんな斎藤先生が田中社長と同行して熱心に株主を説得していったことが奏功し、ついに全株主が納得して、M&A実施に賛成してくれるようになったのです。最終的には、地元のためにも新しいAホテルをみんなで盛り上げていこうと、応援してくれることとなりました。

DDのサポートと誠実な意見が相手社長にも届いていた

その報告を受けて私たちと小泉社長はさっそく、条件のすり合わせ、基本合意の作成、

DDと、M&Aのプロセスを進めていきました。

　その過程では、斎藤先生は重要な打ち合わせには参加し、DDにおいても田中社長のサポート役として協力してもらいました。また、最終合意の段階では譲渡価額などの最終案について、田中社長から斎藤先生にも相談して意見を聞きたいという声がありました。私たちも小泉社長も、斎藤先生の誠実な人柄はすでに承知していたので、それはむしろこちらからお願いしたいくらいだったのです。斎藤先生からも条件は妥当だという太鼓判をもらい、田中社長は契約書に署名捺印したのでした。

　そうしてM&Aが成立した頃には、小泉社長も斎藤先生の人柄と仕事ぶりにすっかりほれ込んでしまっていました。契約前には、B社グループで東北方面のレジャー施設企業C社の税務顧問をしていたZ会計事務所にAホテルの税務を任せようと考えていたらしいのですが、斎藤先生にAホテルの税務顧問を継続してもらうように、小泉社長直々に斎藤先生へ依頼します。それればかりか、Z会計事務所との顧問契約を解約して、そちらのC社も斎藤先生に顧問をしてもらいたいという依頼まであったのです。

企業を成長させるM&Aの可能性

斎藤先生は経営者タイプというよりは職人タイプの税理士で、事務所の規模拡大には関心が薄く、それよりも1件1件の顧問先のために最善の仕事をすることを追求していました。実直な仕事をしていたからこそ、M&A業務での譲り渡しを成功させても、顧問先を減らすどころか逆に増やすという結果となったのです。

また、M&A後に実際にAホテルが順調に業績を伸ばしているのを目の当たりにして、斎藤先生はM&Aの可能性を強く感じるようになり、その後も自らの顧問先で後継者難の会社があったときにはM&Aを勧めています。

「Aホテルの件に深く関わって、M&Aが企業を成長させる場合があることがよく分かりました。私たちの地元だけでは衰退していくかもしれない企業でも、他地域の企業の力を借りて復活できれば、それに越したことはありません。ぜひ今後も協力してください」そう言われて、その後も私たちに事業承継で悩んでいる企業を紹介してもらえるようになったのです。

事例のポイント

・地元に長く根づいて信頼を得ている会計事務所は、地元に利害関係者がいるM＆A業務で力を発揮しやすい。
・親族外の株主が多くいる会社ではM＆Aが難航することがある。
・譲渡後も会計事務所の顧問契約が継続。さらに、新しい顧問先を獲得できた。

事例 2

譲り受ける側から譲り渡す側へ。「成長」をキーワードに立場を180度転換

▼M&Aの状況
内容　譲り渡し（株式譲渡）
業種　教育業（プログラミングスクール）
地域　九州地区
売上高　6億円
経営者の年齢　社長60代前半、副社長50代後半

店舗拡大の障壁

D社は九州地方の某県で、子ども向けプログラミングスクールを展開する企業です。創業者の松沢社長は30年前に、大人向けのパソコンスクールで起業し、長い間売上高1・5億〜2億円程度の規模で推移していましたが、8年ほど前に共同経営者の副社長として荒木氏を招き、荒木氏が事業開発を担当した子ども向けプログラミングスクールがヒットして、M&A前の売上高は約5億円にまで伸びていました。

荒木氏はもともと大手企業でSEをしていましたが、その時代に独自に考案したプログラミング言語の学習法が非常に優れていると評判になり、書籍も出版しています。その荒木氏の手法をさらに子ども向けに改良した「Dメソッド」と呼ばれるプログラミング教育

法を開発し、子ども向けの教室で展開したところ、それが好評を博し、現在は本部のほかに、県内に2教室を開いています。Dメソッドは、1人でテキストを使って学ぶのではなく、複数人でチームを組んで、ゲームをしながら学べるところが特徴です。小学生の低学年からでも参加でき、そのため、学校帰りに遊びに来るような感覚で教室にやって来る子どもが多く、評判を呼びました。また、一定のカリキュラムはありますが、カリキュラムが修了したあとも自主的にプログラミングゲームを続けることができるため、小学生から通っている子が中学生になっても通い続けるなど、通学が長期間になるところもポイントです。プログラミング教室なのですが、どこか学生サークルのたまり場のような、楽しそうな雰囲気がありました。

松沢社長と荒木氏はDメソッドを用いたプログラミング教室を全国に広めたいと考えていました。しかし、ネックとなっていたのは人材不足です。Dメソッドでは、プログラミングを理解している講師の役割がかなり重要になるのですが、その人材がなかなか採用できないのです。また、教室を広域で増やすとなれば、管理職としての教室長も増やす必要がありますが、なかなか良いマネジメント人材も採用できませんでした。

会計事務所の立場からM&Aの活用法を提案

私たちに松沢社長を紹介してくれたのはH会計事務所の浦田先生でした。H会計事務所は30人ほどの職員がいる比較的大きな事務所で、当社が全国の会計事務所と結ぶネットワーク「日本M&A協会」の会員であり、所長をはじめ事務所全体でM&Aに取り組む機運が高い事務所です。私も勉強会の講師として呼ばれて講義をしたことが何度かあります。浦田先生はそこで副所長兼M&A担当のポジションでした。過去にも数件、私たちと一緒にM&A業務を手掛けており、ある程度M&Aには通じていました。

あるとき、浦田先生と話しているなかで「今自分の関与先で、すごく伸びている勢いのある会社がある」という話を聞きました。それがD社です。浦田先生によれば、成長追求型の社長で、チャンスがあればどんどん会社を伸ばしていきたいと考えているということなので、同行訪問をさせてもらいました。

会ってみると、松沢社長は60代前半でしたが、見た目もとても若々しく、教室を全国展開して社員の給料を倍にするのが夢だと熱く語ってくれました。しかし、人材難が課題となっているといいます。そこで、私は既存教室や人材をもつ会社をM&Aで譲り受けて、一気に拡大する方法があると提案しました。これに社長は非常に乗り気で、ぜひ検討しようということになりました。

しかし、その後具体的に検討してみると、やや問題があることが分かりました。教室を広域で獲得したとしてもそれを管理する人材がいないのです。また、人材を確保しても、一定の教育をしなければすぐには業務を任せられませんが、その多数の人材を一度に育成する体制が社内になかったのです。

そこで、譲受けは引き続き検討するとして、同時に譲り渡しの方向も検討してはどうかと提案しました。会社を譲り渡すのかと松沢社長は驚きましたが、株は譲渡して資本提携はするものの、引き続き経営実務は担うという契約も可能であること、大手のもつ人材や資本力を活用して成長を図ったほうが、自前でやるよりもむしろスピード感のある成長が可能となることなどを説明しました。

最終的には、「会社が成長して、教室が増えるならどちらもいいね」ということで乗り気になってもらったので、譲受けと譲り渡しの両面作戦で探索を続けることとなったのです。

その後、譲受け相手、譲り渡し相手とも、いくつかの候補が挙がり、さまざまな検討をした結果、中部地方に本社があり、学習塾を全国で展開しているQ社が譲り受けるということで話がまとまり、M&Aが成立しました。

ちなみに、D社の時価純資産は2億円程度だったのですが、譲渡価格は5億円だったので、営業権（のれん代）が3億円程度ついたことになります。いってみれば、この部分がDメソッドに対する評価ということになりますので、かなり高い評価を得たといえます。

M&A契約成立後、松沢社長は代表権のない会長となり、荒木氏が新たに社長に就任して、新生D社がスタートしました。もともとDメソッドは荒木氏が開発したものであり、資本提携を機に、荒木氏が社長になったほうが、Dメソッドを中心として事業展開していくうえでふさわしいだろうというのが松沢社長の判断でした。

信頼関係があるからこその顧問契約継続

浦田先生は、最初の同行訪問時から、ほとんどすべての打ち合わせに同席し、松沢社長をサポートしていました。もちろん、DDのときにも丸3日ほどの監査にしっかりと同席して、資料の準備や説明の協力をしてもらっています。

また、印象深い出来事として、私たちの手数料に関する交渉がありました。ちょっとした事情があって、松沢社長は私たちに対して、少し手数料を下げてほしいと思っていたのですが、私も一生懸命動いてもらっているから言いにくいと浦田先生に相談をしたそうです。浦田先生はそれならばと、私のほうになんとかできないかと相談をしてきたのです。このときは、事情があったので、実際に少し手数料を下げることで気持ちよく進めることができました。このように、社長が自分で言いにくいことなどがあったときに代行することも、社長が会計事務所に期待している役割です。

なお、D社とH会計事務所の顧問契約は継続されることとなりました。これは、Q社の本社が遠方だったという事情もありますが、やはりM＆Aの過程における浦田先生の働きぶりがQ社からも高く評価されていたということを、Q社の社長からのちに聞きました。

事例のポイント

- 譲受けのM＆A希望だった社長が、譲り渡し側に転換。どちらでも会社の成長を追求することはできる。
- 譲渡後も、会計事務所の顧問契約は継続。

事例 3

会計事務所が事業計画を立案し、債務超過企業のM&Aに成功

▼M&Aの状況
内容　譲り渡し（株式譲渡）
業種　飲食店（定食チェーン）
地域　関東地区
売上高　8億円
経営者の年齢　60代前半

コンサルタント出身の税理士

E社の矢野社長は、20年前に大手外食チェーンを脱サラして、東京都内で小さな定食屋「キッチンE」を開きました。それがE社のスタートです。リーズナブルでおいしい定食が食べられる店と評判になり、E社の業績は順調に伸びていきました。そして次々と支店を出し、都内で10店舗を構える中規模の定食チェーンとなりました。売上高は、M&A検討時点で約8億円でした。

店舗が5店舗を超える頃から、セントラルキッチン方式を導入したことが、E社の成長を加速させました。セントラルキッチンとは、店舗とは別の場所にある専用のキッチンで、全店舗分の料理の下ごしらえをして、その半調理済みの食材や料理を冷蔵や冷凍で各店舗

に配送し、店舗では簡易な調理や盛り付けで提供できる仕組みです。店舗には広いキッチンや難しい料理をこなせる料理人が不要のため効率的な運営ができるところがポイントで、大手外食チェーンの多くで導入されています。

もともと外食チェーン出身の矢野社長は、もちろんセントラルキッチン方式についてはよく知っていましたが、それはあくまで上場企業レベルのものでした。数店舗の定食チェーンがそれを導入するという発想はなかったのですが、それをアドバイスしたのがE社の税務顧問だったJ会計事務所の加藤先生だったのです。

加藤先生は、もともと中堅のコンサルタント会社で飲食業界専門にコンサルティング業務をしており、のちに税理士資格を取得したコンサルタント出身の税理士です。独立してJ会計事務所を開き、併せて、飲食を専門としたコンサルタント業のJ経営企画株式会社を設立し、グループ展開してきました。事務所設立から25年となった現在では、グループ全体で50人超を擁する大規模の会計事務所となっています。

加藤先生のアドバイスによりセントラルキッチンを導入したことで、E社の店舗展開は加速しました。広いキッチンスペースをおくことができない商業施設などへの出店も可能になったためです。

E社の転機となったのは、ある百貨店からの出店打診でした。テナント料は高く契約条件は厳しいもので、損益分岐点はE社の他店舗と比べても、かなり高くなってしまいます。しかし、百貨店に出店することはブランド力を飛躍的に高め、チェーン全体にとっての宣伝効果があります。慎重に検討したうえで、メリットが大きいと判断した矢野社長は、百貨店に出店しました。キッチンEの中でも最大規模の店舗で、多額の投資をしたプロジェクトでした。

オープンからしばらくはそれなりに好調だった百貨店店舗でしたが、出店から1年も経たないうちにコロナ禍に見舞われます。百貨店は営業時間が短縮され、客足が激減しました。結局、大赤字を出してキッチンEは百貨店から撤退します。

その出店、撤退費用の影響が大きく、E社の財務は、簿価上はぎりぎり資産超過でしたが、キッチン設備などを時価評価すると1億円近い実質債務超過に陥っていました。矢野社長はそれをきっかけに、自前で拡大路線をとるリスクを強く意識し始めました。

一方、J会計事務所では、以前からM&A業務に取り組んでおり、M&Aによって事業承継に成功した関与先の事例を事務所通信などに掲載して紹介していました。そこで矢野社長は「うちでもこういうことはできるだろうか」と加藤先生に相談をしたのです。加藤先生はさっそく私たちに連絡を取ってくれて、私たちと加藤先生とで、E社のM&Aの可能性を検討しました。

ネックとなったのはもちろん債務超過である点です。1億円の債務超過となると、通常はなかなか譲受け先を探すのは大変です。最初に話を聞いたとき、私は正直、難しいのではないかと感じました。しかし、加藤先生は「そんなことはない」と言います。なぜなら、E社が債務超過に陥った主要原因はコロナ禍によって百貨店への出店が失敗して大赤字となったためで、それ以外の店舗の多くは、コロナ禍以前は高い収益を上げていました。コロナ禍においては一部で不採算店が出ていたものの、依然として営業黒字を続けている店が大半であり、いずれコロナ禍が収まれば以前のような高収益企業に戻ることは間違いないというのが加藤先生の見立てでした。

そこで、加藤先生が中心となって、全店舗の収益予測を分析した詳細な事業計画を策定したのです。不採算店の2店舗は閉鎖し、原材料やオペレーション体制の見直しでコストを削減し、筋肉質の財務体質を作る計画です。その中期計画によれば、仮にコロナ禍の状況が続いたとしても、4年で実質債務超過は解消でき、コロナ禍が収まってくれば3年未満に早まるであろうという内容でした。

加藤先生が作成した詳細な事業計画書は、加藤先生が普段からE社に深く関与している だけではなく、何度か店舗に足を運んで実際に食事をするなどの裏付けを取って作成され たものなので、単なる数字合わせではない説得力がありました。

ポイントは、実際に提供している料理の味が良くて価格も妥当で、また矢野社長の教育が行き届いた接客サービスの質も高いことがネットでも高く評価されて、固定ファンがついていたことです。肝心の商品・サービス力が落ちてしまっていてはどうしようもありませんがE社の場合、商品・サービス力は高かったので必ず経営再建と再成長が可能であると加藤先生は確信していたのでした。

私たちがマッチングを進めたところ、事業計画書も含めてE社に興味をもつ譲受け候補企業が数社現れ、最終的には、都内でカフェチェーンを展開し業態多角化を模索していたR社が譲受け企業となることで合意がなされました。

譲渡価額は約1.5億円だったので、実質1億円の債務超過の企業としては破格の譲渡価額であり、かなりの営業権（のれん代）がつきました。加藤先生による事業計画、成長戦略に説得力があったためでした。

Ｍ＆Ａ契約締結後には、Ｅ社の税務顧問はＲ社の顧問会計事務所が務めることになり、Ｊ会計事務所の顧問契約は解除されました。私がその点について残念だった旨を加藤先生に伝えると、肝心なのはＥ社が残って成長を続けていくことであり、顧問契約などは小さい問題だと笑って答えました。

事例のポイント

・顧問会計事務所が事業内容にまで深く関与し、理解していたことが成功の要諦となった。
・債務超過企業でも、その理由が明確で、改善の見通しが立つならM＆Aによる譲り渡しは可能。

事例4

絶妙のタイミングで会計事務所がM&A情報を提供し、コロナ禍の難を逃れる

▼M&Aの状況
内容　譲り渡し（株式譲渡）
業種　イベントホール、貸し会議室運営
地域　関東地区
売上高　4億円
経営者の年齢　40代前半

安定志向が不振の遠因

F社は、首都圏でイベントホールや貸し会議室などを運営する企業です。東京都内に自社保有のイベントホールを1施設運営しているほか、テナントとして数棟の貸し会議室を運営していました。

現社長の浅井氏は、先代社長だった父からM&Aの3年前（2016年）に経営を移譲され、社長に就任していました。

浅井社長の就任前から、F社の経営は徐々に厳しさが増していました。かつては、売上高10億円近くまで計上した年もありましたが、浅井社長就任後は4億円前後まで落ち込んでいました。これはイベント施設老朽化の影響や、大手企業の参入が増えた貸し会議室事

業の競争激化などによるものです。また、浅井社長は、先代社長だった父から半ば懇願されて社長に就任したものの、経営に対する意欲は高いのですがチャレンジングな取り組みをするタイプではありません。どちらかといえば、安定した現状維持を好む性格で、そのことが経営不振の遠因となっている側面もありました。

関与先の窮状を見て、M&A業務に着手

F社の税務顧問を担当していたのはT会計事務所です。T会計事務所は、所長の田代先生が20年前にゼロから立ち上げた事務所ながら、積極的な経営施策により順調に規模を拡大してきました。別法人として株式会社K社を設立しており、そちらでMAS監査への取り組みも行っています。会計事務所とK社を合わせて職員数は30人ほどでした。

順調に規模を拡大してきたとはいえ、田代先生は「拡大第一」「収益第一」という考え方はもっていません。

専門家として関与先にメリットのあるサービスを多様な形で提供できること、職員が豊かで幸せに働けること、そして事務所が成長していくこと。この三つを、近江商人の「三方よし」のような形で実現するバランス経営を理念として掲げていました。そのための多

様なサービスの一環として、ＭＡＳ監査、そしてＭ＆Ａ業務にも取り組むようになったのです。

Ｍ＆Ａ業務への取り組みも、もちろん事務所収益源の多角化という意味もありましたが、それ以上に、関与先が実際に事業承継や成長戦略で困っている状況を目にして、その解決策になればという思いで決意したのです。また、職員に対しては労働分配率を明示して、インセンティブ報酬もしっかり支払っていました。

そのような背景があったため、ある月の月次監査の場で、長期借入金の増加傾向の話になり、浅井社長からこのまま借入金が減らなかったらどうすればいいかといった趣旨の相談を受けたときに、その場でＭ＆Ａの検討を提案することができたのです。

会社を残すためのM&A

浅井社長の言葉の裏には、Ｆ社の財務状況の悪化がありました。自己資本比率は10％強、しかもキャッシュ残高が少ないため流動比率が悪化しており、資金繰りがタイトになっていました。それを補うために、先代社長だった会長が２０００万円ほどの個人資産を会社に貸し付けています。銀行からの融資残高も約5億円と、年商を上回る額でした。しかも、先代時代に借入を起こした際の個人保証はそのままでした。F社の財務基盤の多くの部分は、先代が負ったままだったのです。先代もすでに80歳だったので、いつ万が一のことがあってもおかしくありません。そのときに、自分が先代の債務保証を引き継いで、F社の財務を支えていけるのか?と浅井社長は正直自信がもてないでいました。

そのため、田代先生からM&Aという言葉を聞いたときに、浅井社長は「渡りに舟」だと感じ、ぜひ詳しい話を聞きたいと伝えたのでした。

そこで、さっそく私たちが、月次のMAS監査の場に同行訪問させてもらい、M&Aについての説明をしました。そのときは、「会社を残すために、こういう選択肢がある」というような話をしたところ、浅井社長はすぐに乗り気になり、マッチングを進めることになりました。

最終的にトップ面談をしたのは、貸しビルなどを中心に不動産業を営むS社でした。S社自身もイベント事業に取り組んでおり、また当時、流行していたコワーキングスペースなども展開していたため、拠点拡大のための譲受けを希望したのでした。

ただ、大きな論点となったのが、譲渡価額です。当初、浅井社長が希望していた譲渡希望価額は1億円、それに対して、S社が提示してきた希望は約5000万円と、かなりの開きがありました。浅井社長は悩み、田代先生にかなり相談していた様子でした。

金額がすべてではない

ちなみに、当時、M&Aに関する会議は、浅井社長、田代先生、そして私たちの三者で行っていましたが、原則的にT会計事務所の会議室で実施していました。そして、私たちから現状報告、例えば、先方はこれくらいの譲受け価格を希望していますとか、こんな条件がありますといった内容を浅井社長に伝えます。そしてその後は、私たちは退席して田代先生と浅井社長とで、私たちが報告した内容について協議をしてもらいました。これは社長が話しやすいようにとの田代先生の配慮です。

そのため田代先生と浅井社長が具体的にどのような話をしていたのかは分かりませんが、先代の年齢のこともあるので、金額にこだわるよりも、せっかくの機を逸しないようにしたほうがいいのではないかと、田代先生はアドバイスしていたようです。浅井社長もその点に同意して、ほぼ先方の条件をそのままのむ形で最終的な合意に至りました。

そして、この田代先生のアドバイスと浅井社長の決断は、まさに正鵠《せいこく》を射るものだったのです。

成功体験を共有、M&A業務への意識を変えていく

M&Aの締結からちょうど1年後、2020年の春にはコロナ禍が広がり、初めての緊急事態宣言が発令されました。その後は、イベント系事業は大きな業績悪化で苦しめられることになります。

後日、田代先生は、浅井社長からあのときにM&Aをせず、自分が経営を続けていたら間違いなく倒産していただろうと言われ、非常に感謝されたと述べていました。結果論ではありますが、あのときの浅井社長の決断はまさに絶好のタイミングでしたし、それを後押しした田代先生のアドバイスはこのうえないファインプレーだったといえます。

本件は、T会計事務所での最初のM&A業務の成功案件でした。さらにその後、T会計事務所からは短期間のうちに4件のM&A案件の相談を受け、4件とも成約しました。M&Aは成約しないことも多いので、打率10割というのは奇跡的な好成績なのです。これは、F社の成功体験をT会計事務所が所内の全員で共有したことで、付加価値業務に対する職員のモチベーションが大きく向上したためではないかと田代先生は分析していました。以前は、M&A業務に対して消極的な職員もいたけれども、現在では消極的態度を示す職員はいなくなったということです。

事例のポイント

・経営にはいつ事業環境の急変があるか分からないため、M&Aではタイミングを逃さないことも重要。
・M&A業務への取り組みは、単なる収益源ではなく、顧客へのサービスメニューの増加、職員教育にも効果がある。

おわりに

日本経済、とりわけ地域経済は、長らく疲弊し元気を失った状況が続いています。それに対して、「会計事務所が要となって、地域創生・日本創生を実現してほしい」との想いが、私が本書を執筆した動機の根幹にありました。

地域経済の土台を築いているのは、数多くの中小企業であり、中小企業経営者たちです。その中小企業経営者たちが抱える、事業承継問題を含めた経営課題を解決することこそ、本来会計事務所が担うべき役割であり、会計事務所が要となってこそ、地域創生・日本創生が実現できると私は考えているためです。

そして、そのような役割を会計事務所が担うためには、税務顧問として経理や決算業務をサポートすることもさることながら、企業の「成長」をキーワードにした、経営サポート業務への取り組みが不可欠であると考えられます。その有力なツールとなるのが、本書でご紹介してきたM&A業務です。

そしてM&A業務に取り組み、企業の成長を支えることとは、とりもなおさず会計事務所自身が成長していくための強力なエンジンともなるのです。私たちはそのような信念をもって、会計事務所のM&A業務のサポートを行っています。

そして、その信念を具体的に実現していくための組織として私たちが運営しているのが、「日本M&A協会」です。

日本M&A協会は、中小企業の戦略的事業承継、成長戦略のためのM&A普及を目指し、私たちと会計事務所が協働するための組織です。2012年に発足し、2024年12月時点で日本全国の1050の会計事務所が加盟しています。

事務所単位での勉強会や定例の戦略会議、また地域ごとの支部会での交流や年に一度開催している「国際会議」「理事総会」などの活発な活動を通じて会計事務所のM&A業務のノウハウを提供しています。

本書を読んで、M&A業務への取り組みに興味をもち、具体的に推進していくためのノウハウを得たい人は、このような組織を通じてほかの会計事務所と交流を深めながら研鑽していくことも良い方法となるはずです。

いずれにしても、会計事務所が生き残り成長していくためには、所長自らがそのための決意を固め、率先して行動を開始しなければなりません。

本書を通じて、いくつかでもそのためのヒントを得てもらえれば、著者冥利《みょうり》に尽きます。

本書を最後まで読んでくださった読者の皆さまに感謝の意を表します。ありがとうございました。

【著者プロフィール】

上夷聡史(かみえびす さとし)

株式会社日本M&Aセンター執行役員 コンサルタント戦略営業部 統括部長。行政書士。
2002年青山学院大学法学部卒業後、法律事務所MIRAIO入所。会社倒産・民事再生申立、債権回収、企業法務、企業再生、中国ビジネス(進出・M&A・撤退)、経営コンサル業務などを行う。2010年行政書士事務所開設、Brand New Consulting株式会社を設立し、アパレルブランド立ち上げに関わる。その後2011年日本M&Aセンターへ入社、譲渡案件の開拓業務を中心に携わり現職に至る。M&Aの成約実績は100件を超える。

【執筆協力】

株式会社日本M&Aセンター
コンサルタント戦略営業部
部長　永井功太郎
部長　河野 俊
部長　平岡正壮

本書についての
ご意見・ご感想はコチラ

改訂版　M&A支援業務による
会計事務所の成長戦略

2025年3月24日　第1刷発行

著　者　　上夷聡史
発行人　　久保田貴幸

発行元　　株式会社 幻冬舎メディアコンサルティング
〒151-0051　東京都渋谷区千駄ヶ谷4-9-7
電話　03-5411-6440（編集）

発売元　　株式会社 幻冬舎
〒151-0051　東京都渋谷区千駄ヶ谷4-9-7
電話　03-5411-6222（営業）

印刷・製本　中央精版印刷株式会社
装　丁　　秋庭祐貴

検印廃止

Printed in Japan
ISBN 978-4-344-94906-5 C0034
幻冬舎メディアコンサルティングHP
https://www.gentosha-mc.com/